Thomas Bohm

»NEIN, DU GEHST JETZT NICHT AUFS KLO!«

WAS LEHRER DÜRFEN

mvgverlag

Bibliografische Information der Deutschen Nationalbibliothek:
Die Deutsche Nationalbibliothek verzeichnet diese Publikation in der Deutschen Nationalbibliografie; detaillierte bibliografische Daten sind im Internet über http://d-nb.de abrufbar.

Für Fragen und Anregungen:
info@mvg-verlag.de

Originalausgabe, 6. Auflage 2018

© 2017 by mvg Verlag, ein Imprint der Münchner Verlagsgruppe GmbH
Nymphenburger Straße 86
D-80636 München
Tel.: 089 651285-0
Fax: 089 652096

Redaktion: Desirée Šimeg
Umschlaggestaltung: Maria Wittek
Satz: ZeroSoft, Timisoara
Druck: CPI books GmbH, Leck
Printed in Germany

ISBN Print 978-3-86882-836-8
ISBN E-Book (PDF) 978-3-96121-068-8
ISBN E-Book (EPUB, Mobi) 978-3-96121-067-1

Weitere Informationen zum Verlag finden Sie unter:
www.mvg-verlag.de
Beachten Sie auch unsere weiteren Verlage unter www.m-vg.de.

INHALT

*Für Elke, Christoph und Clarissa, die den Schulalltag
täglich erleben, erlebt haben oder wieder erleben werden*

VORBEMERKUNGEN

»Ich muss mal!«, verkünden kerngesunde 17-jährige Schüler mitten in der Unterrichtsstunde und sind mehr oder weniger schon auf dem Weg zur Klassenzimmertür. Sie sind – ebenso wie ihre Eltern – felsenfest davon überzeugt, nicht nur das Schulrecht, sondern sogar die Menschenrechte auf ihrer Seite zu haben, die es ihnen erlauben, nach Belieben zur Toilette zu gehen. Sollte sich ein Lehrer diesem Wunsch widersetzen, könnte das einen Anruf bei der Polizei mitsamt einer Anzeige wegen Nötigung und Körperverletzung oder aber das Schreiben eines Rechtsanwalts, in dem dieser einen Verstoß gegen die Menschenwürde konstatiert, nach sich ziehen.

Die Situation als solche könnte man als kurios oder absurd abtun, doch sie ist, wie viele Lehrer aus leidvoller Erfahrung wissen, schulische Realität. Vor allem aber ist sie symptomatisch – für die Anspruchshaltung von Eltern und Schülern, für die infantile Verabsolutierung individueller Bedürfnisse, für den Einsatz von Rechtsbegriffen als Drohkulisse und für die Ignoranz gegenüber den Folgen des eigenen Verhaltens für andere. Symptomatisch ist auch die Verunsicherung vieler Lehrer: Obwohl sie in Deutschland in Schulen in einem Rechtsstaat, also auf gesetzlicher Grundlage, tätig sind, fehlt die Vermittlung ausreichender Rechtskenntnisse in der Lehrerausbildung, um die Pädagogen rechtlich handlungssicher zu machen.

Verantwortungsbewusste Lehrer handeln nur selten rechtswidrig, da die Weite vieler schulrechtlicher Begriffe (z. B. »wichtiger Grund«, »Fehlverhalten«) die Beurteilungsspielräume bei der Leistungsbeurteilung sowie zahlreiche Kann-Vorschriften ausreichend Spielraum für vertretbare pädagogische Entscheidungen eröffnen. Lehrern fällt es aber oft schwer, ihre rechtmäßigen Entscheidungen rechtssicher zu begründen. Schwache Lehrer geben schnell dem Druck von Eltern und Schülern nach, starke Lehrer setzen auf ihre Autorität und ihre Macht. In Konfliktsituationen siegt damit nicht das Recht, sondern der Stärkere. Rechtliche Begründungen erfordern die Kenntnis der Rechtsbegriffe sowie der Systematik und Argumentationsweise des Rechts, die in der universitären und praktischen Ausbildung nicht oder nur unzureichend vermittelt werden. In keinem Bundesland ist das Schulrecht verpflichtender Bestandteil des Lehramtsstudiums und lediglich Baden-Württemberg, Bayern und Sachsen legen Wert auf die systematische Vermittlung von Rechtskenntnissen in der praktischen Lehrerausbildung.

Viele Lehrer nehmen aber auch eine widersprüchliche Haltung dem Schulrecht gegenüber ein. Einerseits fordern sie eindeutige Regelungen, andererseits betonen sie die Freiheit des pädagogischen Handelns. Die widersprüchliche Haltung offenbart ein unzureichendes Rechtsverständnis, da die Forderung nach eindeutigen Regelungen ein schematisches, dem Einzelfall nicht angemessenes Handeln nahelegt und das Verlangen nach möglichst uneingeschränkter Freiheit Willkür fördert. Außerdem garantiert die Unerfüllbarkeit widersprüchlicher Forderungen Unzufriedenheit.

Zur Distanz vieler Lehrer dem Schulrecht gegenüber trägt auch eine von der Bildungspolitik nur allzu oft geförderte, völlig überzogene Vorstellung von den Rechten und Ansprüchen der Eltern und Schüler bei. Die zunehmende Bürokratisierung der Schulen durch Berichtspflichten und Rechenschaftslegungen, Konzepte, Programme, Leitbilder und schriftliche Dokumentationen wird von vielen Lehrern ebenfalls dem Recht angelastet, obwohl sie durch Kontroll- und Herrschaftsansprüche der Politik und den schwindenden gesellschaftlichen Konsens, aber nicht durch unabdingbare Anforderungen an die Rechtmäßigkeit schulischen Handelns bedingt ist.

Auch das zunehmende öffentliche Interesse am Schulrecht kommt nicht von ungefähr. Sowohl Lehrer als auch Schüler und Eltern suchen nach Orientierung – und das Recht ist oftmals der letzte Rettungsanker. Was Lehrer, Schüler und Eltern dürfen oder nicht dürfen, sagt das Schulrecht. Dabei gilt, was für jedes Recht gilt: Es stellt Regeln auf, begrenzt Egoismus, Macht und Willkür, und es verlangt Begründungen. Es ist dabei flexibel, aber nicht beliebig. Die Rechte des einen sind die Pflichten des anderen.

ÖFFENTLICHER BILDUNGSAUFTRAG VERSUS EINZELINTERESSEN

Die Bildungspolitik und viele Medien betrachten das Verhältnis der Schüler und Eltern zur Schule als von Ansprüchen der einzelnen Schüler an die Schule geprägt. Aus dieser Perspektive betrachtet stellen Lehrer lediglich die Erfüllungsgehilfen des »Dienstleistungsunternehmens Schule« dar. Doch diese Perspektive ist nicht nur rechtlich wie faktisch falsch, sie gefährdet darüber hinaus auch den Lernerfolg und die Erziehung der Schüler, da sie für alle vorgegebene Leistungsanforderungen nicht begründen und die Zurückstellung eigener Wünsche und Bedürfnisse hinter die anderer nicht fordern kann.

Die Schule erfüllt einen öffentlichen Bildungsauftrag und ist daher nicht an individuellen Ansprüchen, sondern am Gemeinwohl orientiert. Die in den Länderverfassungen und Schulgesetzen vorgegebenen Erziehungsziele nennen gemeinwohlorientierte Ziele wie »Bereitschaft zum sozialen Handeln« (Art. 7 Abs. 1 Verf. NRW) und »Verantwortungsbewusstsein für Natur und Umwelt« (Art. 131 Abs. 2 Verf. Bayern), aber nicht die Orientierung an individuellen Eltern- oder Schülerwünschen. Eltern und Schüler sind selbstverständlich keine bloßen Objekte schulischen Handelns, sondern handelnde Subjekte des Bildungsprozesses mit eigenen Rechten und Pflichten. Aus ihren Rechten kann aber die Schulpflicht nicht abgeleitet werden. Sie lässt sich nur mit der für Gesellschaft, Wirtschaft und Staat unabdingbaren Bildung der Bürger rechtfertigen, da der Wunsch von Eltern und Schülern nach Selbstverwirklichung durch Bildung und nach individueller Förderung beim Lernen nicht zwangsläufig durch den Schulbesuch erfüllt werden muss; ein Einzelunterricht oder ein Unterricht in privat organisierten Kleinstgruppen dürfte ihn eher erfüllen.

Die Schule als staatliche Institution kann ihre Existenz und ihren Auftrag also nicht mit den Wünschen der Eltern und Schüler begründen. Die Unterordnung der Wünsche und Ansprüche der Eltern und Schüler unter gesellschaftliche, wirtschaftliche und staatliche Ziele dient zwar dem Allgemeinwohl, kann aber sehr problematisch sein, wenn die Qualität der schulischen Ausbildung und Erziehung schlecht ist, ohne dass Eltern und Schüler gegen dubiose Ziele, läppische Inhalte oder den Lernerfolg vermindernde Methoden rechtlich vorgehen könnten.

Lehrer erfüllen einen öffentlichen Bildungsauftrag; sie sind kein Dienstleister zur Erfüllung der Glücksansprüche von Schülern. Das Schulwesen muss den kulturellen und sozialen Bedürfnissen des Landes entsprechen (Art. 8 Abs. 1 Verf. NRW). Macht der Schulbesuch im Allgemeinen oder machen bestimmte Aktivitäten in der Schule im Speziellen die Schüler glücklich, ist das sicherlich der Zustand, den sich alle Beteiligten wünschen. Das Ziel der Schule ist aber nicht der Spaß der Schüler, sondern der Lern- und Erziehungserfolg im Interesse der Schüler sowie im Interesse von Staat und Gesellschaft.

Dieses Buch möchte einer vorherrschenden Tendenz entgegentreten, die unsere Schulen schwächt und eine ichbezogene Anspruchshaltung über das Gemeinwohl und ein kluges Eigeninteresse stellt.

Sich allein auf die Fragestellung zu fokussieren, was Lehrer *nicht* dürfen, erweckt den Eindruck, als seien Lehrer eine Gefahrenquelle für Schüler und Eltern, sodass es Schülern und Eltern nützt, wenn deren Handlungsspielraum möglichst eingeschränkt ist. Eine Blickrichtung, die nicht nur rechtlich, sondern auch empirisch leicht zu widerlegen ist:

- Hindern Lehrer Schüler häufiger am Lernen als Mitschüler, die durch ihr Verhalten den Unterricht stören?
- Wird Cybermobbing in sozialen Medien häufiger von Lehrern oder von Mitschülern inszeniert?
- Werden Schüler häufiger von Lehrern oder von anderen Schülern geschlagen?

Lehrer setzen Schülern gegenüber also nicht ihre eigenen, individuellen Ansprüche durch, sondern vielmehr die der Mitschüler und die des staatlichen Bildungs- und Erziehungsauftrags. *Was Lehrer dürfen* beschreibt demnach nicht individuelle Rechte und Machtbefugnisse von Lehrern, sondern beschäftigt sich mit der Erfüllung des öffentlichen Bildungsauftrags unter Berücksichtigung der Rechte aller Schüler und Eltern sowie der Durchsetzung der Pflichten der Schüler.

RECHTE UND PFLICHTEN VON LEHRERN, ELTERN UND SCHÜLERN

Schule, das ist kein Verhältnis zweier Vertragspartner – eines Schülers und eines Lehrers –, sondern eine auf Gesetzen beruhende Gemeinschaftsveranstaltung. Die Rechte eines Schülers begrenzen in der Regel nicht die Rechte der Lehrer, sondern die seiner Mitschüler. Ein Schüler, der von seinem Lehrer besondere Aufmerksamkeit fordert, mindert beispielsweise die Aufmerksamkeit dieses Lehrers für alle anderen Schüler. Ebenso greifen Schüler, die ihre Mitschüler schlagen, nicht in die Rechte der Lehrer ein, sondern missachten die fundamentalen Rechte ihrer Mitschüler – in diesem Fall das Recht auf körperliche Unversehrtheit.

Ebenso wie Lehrer, Schüler und der Staat sind die Eltern wichtige Rechtsträger im Schulverhältnis. Die Wünsche und Forderungen der Eltern treffen nicht nur auf staatliche Vorgaben, sondern auch auf die

Anliegen der anderen Eltern: Dem Verlangen nach besonderer Aufmerksamkeit der Lehrer für das eigene Kind, anderen Unterrichtsinhalten oder einem anderen Ziel für die nächste Klassenfahrt stehen in der Regel die Wünsche anderer Eltern entgegen.

Eltern und Lehrer sind aus der Sicht des Schulrechts aber keine potenziellen Gegner, sondern natürliche Partner, wie das Bundesverfassungsgericht immer wieder betont hat. Das Elternrecht beinhaltet keine unbeschränkte Dienstleistungspflicht der Schule, sondern vorrangig die Pflicht der Eltern, ihre Kinder zu schützen und zu fördern und im Interesse der Kinder zu handeln. Eltern haben entscheidenden Einfluss auf den Lernerfolg und die Erziehung ihrer Kinder. Schüler, die ohne Unterstützung der Eltern lernen müssen, haben es schwer, und gute Erziehung ohne oder gegen die Eltern gelingt nur selten. Viele Eltern wünschen und benötigen bei der Erziehung die Unterstützung der Schule.

Der Zusammenhang von Rechten und Pflichten lässt sich weder rechtlich noch faktisch auflösen. Das Recht auf Bildung beinhaltet die Pflicht der Schule, Bildungsmöglichkeiten zu schaffen, aber auch die Pflicht der Eltern, ihre Kinder zu erziehen und beim Lernen zu fördern und zu unterstützen, sowie die in den Schulgesetzen verankerte Pflicht der Schüler, aktiv zum Erfolg von Unterricht und Erziehung beizutragen. Eltern, die ihre Kinder fördern und schützen wollen, und Schüler, die angstfrei die Schule besuchen und erfolgreich lernen wollen, brauchen starke Lehrer an ihrer Seite.

Es klingt paradox, ist aber wahr: Eine starke Schule und starke Lehrer schützen die Schüler und nützen den Schülern. Verbote für Schüler nützen niemandem so sehr wie den Schülern, sofern es sich um rechtmäßige Verbote handelt. Lehrerrechte schützen dabei Schülerrechte. Konflikte zwischen einem Lehrer und bestimmten Schülern sind in der Regel bei genauerer Betrachtung Konflikte zwischen bestimmten Schülern und den vom Lehrer zu verteidigenden Rechten der übrigen Schüler. Sind demzufolge also die Schüler die Bösen und die Lehrer die Guten? Nein, eindimensionale Rollenverteilungen sind etwas für Hollywoodfilme und die Politik, nicht für das Recht. Wer ausschließlich ein einziges Ziel verfolgt, verliert im (Schul-)Recht schnell die Orientierung.

Was Lehrer dürfen ist ein Buch für Lehrer, Schüler und Eltern, das Regeln beschreibt, die Egoismus, Macht und Willkür begrenzen. Schüler sind nicht nur einer von Lehrern repräsentierten mächtigen staatlichen Institution unterworfen – was ihre Schutzbedürftigkeit begründet –, sondern sie üben auch selbst Macht aus und missachten gelegentlich die Rechte ihrer Mitschüler. Warum es vor allem den Schülern zugutekommt, wenn Lehrer vieles dürfen, will dieses Buch zeigen.

RECHTSPRECHUNG UND GERICHTSURTEILE

Das Recht ist immer auslegungsbedürftig, und im Schulrecht gibt es zahlreiche weite Formulierungen, um möglichst viele schulische Situationen erfassen zu können. Der Rechtsprechung kommt eine besonders große Bedeutung zu, da die Gerichte viele Auslegungsstreitigkeiten und Zweifelsfragen entscheiden. Die Aussagen zur Rechtslage in *Was Lehrer dürfen* beruhen daher überwiegend auf Rechtsprechung. Besteht in wichtigen Rechtsfragen keine Einigkeit, werden die unterschiedlichen Rechtsauffassungen dargestellt. Interpretationsspielräume sollen dabei nicht verunsichern, sondern vielmehr die Handlungsspielräume von Lehrern und Schulen beschreiben.

Nichtsdestotrotz ist dies kein Buch für Rechthaber, sondern für Lehrer, die ihr pädagogisches Handeln im Interesse der Schüler rechtlich gut begründet verteidigen wollen, aber auch einsichtig revidieren können, wenn das Recht einmal nicht auf ihrer Seite steht. Starke Lehrer sollten nicht nur wissen, was sie dürfen, sondern auch begründen können, *warum* sie etwas dürfen. Auf diese Weise werden zugleich die Grenzen ihrer Handlungsmöglichkeiten deutlich.

Die Gesetzgebungskompetenz für das Schulrecht liegt in Deutschland bei den Bundesländern. Die Unterschiede zwischen den Ländern sind vor allem bei der Organisation des Schulwesens und den Schulformen groß. Außerdem gibt es zahlreiche Detailregelungen zu Versetzungen, Prüfungen, Unterrichtsinhalten und -methoden. Diese Vorgaben sind jedoch in der Regel präzise formuliert und leicht zu handhaben. Es stellt daher kein wirkliches Rechtsanwendungsproblem dar, beispielsweise anhand der Versetzungsordnung festzustellen, bei welchem Notenbild eine Versetzung möglich ist.

Die Grundlagen des Schulrechts und viele praxisnahe Regelungen sind hingegen in allen Bundesländern einheitlich. Das gilt auch für das Verständnis und die Anwendung grundlegender Rechtsbegriffe. In allen Ländern gelten die Grundbegriffe des Verwaltungsrechts und die Rechtsprechung übt eine stark vereinheitlichende Wirkung aus:

- Die Grundrechte als oberste Normen der Rechtsanwendung prägen selbstverständlich die Rechtsanwendung in allen Bundesländern.
- Versetzungs- und Prüfungsentscheidungen sowie Ordnungsmaßnahmen sind in allen Bundesländern Verwaltungsakte.
- Die Verhältnismäßigkeit einer Ordnungsmaßnahme wird in allen Ländern von den Gerichten nach denselben Maßstäben beurteilt.
- Die grundlegenden rechtlichen Anforderungen an die Aufsichtspflicht gelten ebenso bundesweit wie das Verbot des Rechtsmissbrauchs oder die rechtlichen Kriterien der Notengebung.
- Die Verwaltungsgerichte nehmen aufmerksam die Entscheidungen der Gerichte in anderen Bundesländern wahr und tragen so zu einer einheitlichen Rechtsprechung bei.

Aus der Rechtsprechung werden in *Was Lehrer dürfen* nur Entscheidungen und Begründungen zitiert, die bundesweit gelten.

Für die praktische Rechtsanwendung – und um die geht es in diesem Buch – ist die Rechtsprechung von ausschlaggebender Bedeutung. Die geschilderten Fälle sind nicht frei erfunden, sondern haben sich tatsächlich ereignet und sind häufig der Rechtsprechung entnommen. Allen, die sich gerne regelmäßig über aktuelle praxisnahe

Fälle und Gerichtsentscheidungen informieren möchten, empfehle ich die Zeitschrift *SchulRecht*, in der die in diesem Buch zitierten Gerichtsentscheidungen veröffentlicht wurden.

Was Lehrer dürfen meint nicht »Was Lehrer sich erlauben dürfen«, sondern welche Rechte und Pflichten Lehrer im Interesse der Eltern und Schüler haben. Die Botschaft dieses Buchs lautet daher: »Lehrer, handelt selbstbewusst und rechtssicher im Interesse der Schüler und des Bildungsauftrags!« Direkte und indirekte Appelle, so richtig und berechtigt sie auch sein mögen, haben immer auch etwas Hilfloses. Es wird sich aber zeigen, dass diese Aufforderung den Rechten und Pflichten der Lehrer, Schüler und Eltern entspricht. Es geht nicht um Appelle, sondern um die Rechtslage.

HANDLUNGSGRUNDLAGEN UND HANDLUNGSSPIELRÄUME

Die Schule im Rechtsstaat ist an gesetzliche Grundlagen gebunden; sie darf also nur auf der Grundlage der Gesetze handeln. Das Schulrecht sichert aber auch Handlungsspielräume der Lehrer durch Kann-Vorschriften und unbestimmte Rechtsbegriffe wie »Fehlverhalten« oder »wichtiger Grund«, damit Lehrer nicht gezwungen werden, schematisch zu handeln, sondern jedem Schüler durch pädagogische Überlegungen gerecht werden können.

Weite Rechtsbegriffe gestatten jedoch keine beliebigen, von den persönlichen Überzeugungen und Wertungen eines Lehrers abhängigen Entscheidungen oder die bloße Ausübung von Macht (wobei die Kombination der Überzeugung, im alleinigen Besitz der pädagogischen Weisheit zu sein, und des Willens, Macht auszuüben, besonders gefährlich ist). Eine gesunde Skepsis gegenüber Macht und Heilslehren sowie auf Abwägungen beruhende Entscheidungen zeichnen eine gute Rechtsanwendung ebenso aus wie eine gute Pädagogik. Lehrer zahlen für große Beurteilungs- und Entscheidungsspielräume allerdings den Preis der weitreichenden Begründungspflicht. Die Darstellung der Rechtslage beschränkt sich daher nicht auf die Präsentation von Ergebnissen, sondern erfordert immer auch Begründungen.

Das Schulrecht begrenzt demnach einerseits die Willkür von Lehrern, stärkt die Lehrer aber auch, indem es ihnen mit Gesetzen und Vorschriften eine allgemeingültige Handlungsgrundlage bietet. Auch für Eltern und Schüler entfaltet das Schulrecht eine doppelte Wirkung: Es bietet ihnen rechtliche Maßstäbe zur Überprüfung schulischen Handelns und sichert ihre Rechte; zugleich erlegt es ihnen aber auch Pflichten auf und überträgt die Entscheidungsbefugnis in aller Regel auf die Lehrer.

Gibt es keinen Konflikt, fragt niemand nach der Rechtslage: »Wo kein Kläger, da kein Richter«, wie es so schön heißt. Doch bei Konfliktlösungen bindet das Recht die Beteiligten an bestimmte Regeln und fordert eine argumentative Auseinandersetzung. Gespräche verlaufen sachlicher und Entscheidungen müssen begründet werden. Das Schulrecht fördert auf diese Weise eine angemessene und friedensstiftende Lösung und ermöglicht Kritik, da Argumente und Wertungen offengelegt werden müssen. Es eröffnet aber auch einen kritischen Blick auf pädagogische Entscheidungen und offenbart, ob hinter der oft zu hörenden Aussage »Das muss man pädagogisch sehen« tatsächlich ernsthafte pädagogische Überlegungen oder doch eher Eigennutz oder Vorurteile stecken.

Im Schulrecht fließen Pädagogik und Recht zusammen, daher können pädagogische Wertungen nicht ausgeblendet werden. Die Schulgesetze verbieten beispielsweise ein »Fehlverhalten« von Schülern – aber abgesehen von strafbarem Handeln ist es eine pädagogische Entscheidung, welches Verhalten als Fehlverhalten eingestuft wird.

Es ist sicherlich wichtig zu wissen, was Lehrer *nicht dürfen*, aber es ist gleichermaßen wichtig zu wissen, was sie *dürfen* – sowohl grundsätzlich als auch in Ausnahmefällen.

1 ORGANISATION DER SCHULGEMEINSCHAFT

Der Unterricht bleibt die zentrale Aufgabe der Schule, aber Ganztags-schulen, die Öffnung der Schulen gegenüber außerschulischen In-stitutionen, Partnern und Einflüssen, vor allem aber eine Gesellschaft mit schwindendem kulturellen Konsens und sehr unterschiedlichen Werten haben das Schulleben dramatisch verändert. Die Schulen sollen eine gemeinsame Basis schaffen, die auch außerhalb der Schu-le trägt. Diese Aufgabe können sie aber nur erfüllen, wenn schon Gemeinsamkeiten zwischen Eltern und Schülern sowie Lehrern vor-handen sind und eine grundsätzliche Kooperationsbereitschaft und Einigkeit hinsichtlich der Ziele besteht. Doch es herrscht eben nicht immer und überall Einigkeit.

BEFREIUNG VOM UNTERRICHT

Die Schule ist der gemeinsame Lernort für Schüler mit allen er-denklichen religiösen und weltanschaulichen Prägungen. Sie könnte ihren Bildungs- und Erziehungsauftrag, zu dessen zentralen Elemen-ten die Integration einer äußerst heterogenen Schülerschaft in eine gemeinsame Gesellschaft gehört, nicht erfüllen, wenn Eltern und Schüler die Anpassung der Unterrichtsinhalte an ihre religiösen oder weltanschaulichen Überzeugungen einfordern oder sich von der Unterrichtsteilnahme befreien lassen könnten. Der staatliche Bildungs- und Erziehungsauftrag rechtfertigt demnach eine Beeinträchtigung religiöser und weltanschaulicher Erziehungsziele der Eltern.

UNTERRICHTSBEFREIUNG AUS RELIGIÖSEN GRÜNDEN

Eine zwölfjährige muslimische Schülerin verweigerte aus religiösen Gründen die Teilnahme am koedukativen Schwimm- und Sportunterricht. Die Schülerin erklärte zudem, ein Burkini sei keine Lösung für die Teilnahme am koedukativen Schwimmunterricht, da es ihr verboten sei, männliche Mitschüler zu berühren oder von diesen berührt zu werden.

War die Rechtsprechung zunächst von einem unter bestimmten Bedingungen gegebenen Befreiungsanspruch ausgegangen, hat das Bundesverwaltungsgericht eine Befreiung durch seine aktuelle Rechtsprechung nahezu vollständig ausgeschlossen (BVerwG, Az.: 6 C 25.12). Entscheidend für diese Änderung der Rechtsprechung waren eine geänderte Gewichtung der Religionsfreiheit und des schulischen Erziehungsauftrags sowie die Erfindung des Burkini.

Die Eltern und die Schülerin müssten sich auf ein religiöses Verhaltensgebot mit imperativem Charakter berufen. Dieser imperative Charakter fehlt bei religiösen Überzeugungen, die lediglich Vorgaben für alltägliches Verhalten ohne unmittelbaren Bezug zum religiösen Bekenntnis, zur Vornahme kultischer Handlungen oder zur Ausübung religiöser Gebräuche machen.

Nicht alles, was religiös begründet wird, steht also in gleichem Maße unter dem Schutz der Religionsfreiheit. Die Tatsache, dass die meisten Frauen und Mädchen muslimischen Glaubens die Teilnahme an einem koedukativen Sport- oder Schwimmunterricht nicht als aus religiösen Gründen verboten ansehen, zeigt, dass es sich hierbei lediglich um eine auf religiöse Auffassungen gestützte soziale Regel, aber nicht um ein unabdingbares Glaubenselement des Islam handelt. Die Verpflichtung zur Teilnahme am koedukativen Schwimm- oder Sportunterricht stellt daher keine besonders gravierende Beeinträchtigung der Religionsfreiheit dar.

Das Tragen eines Burkinis im koedukativen Schwimmunterricht entschärft zudem nach Auffassung des Bundesverwaltungsgerichts den Konflikt von Glaubensfreiheit und staatlichem Bildungs- und Erziehungsauftrag. Verweigert eine Schülerin diese Kompromisslösung, kann sie sich nicht länger auf ihre Glaubensfreiheit berufen. Dem Argument, es sei einer Schülerin nicht zuzumuten, in einem Ganzkörperschwimmanzug am Schwimmunterricht teilzunehmen, hält das höchste deutsche Verwaltungsgericht entgegen, derjenige, der auf die konsequente Umsetzung seiner religiösen Überzeugungen im Rahmen des Schulunterrichts dringe, müsse grundsätzlich akzeptieren, dass er sich hierdurch in eine gewisse, für andere augenfällig hervortretende Sonderrolle begibt. Daraus entstehende Belastungen seien im Falle des Tragens eines Burkinis hinzunehmen, zumal die Lehrer unangemessenen Reaktionen der Mitschüler entgegentreten könnten.

Auf die Realitäten des Lebens weist das Gericht auch hin, wenn es anmerkt, das Gebot, sich nicht mit dem Anblick von Jungen und Männern in knapp geschnittener Badebekleidung zu konfrontieren, laufe darauf hinaus, vom Anblick einer Bekleidungspraxis verschont zu werden, die auch außerhalb der Schule zum allgemein akzeptierten Alltagsbild, jedenfalls an bestimmten Orten, beziehungsweise zu bestimmten Jahreszeiten, gehört. In der Konfrontation der Schüler mit der in der Gesellschaft vorhandenen Vielfalt an Verhaltensgewohnheiten, wozu auch Bekleidungsgewohnheiten zählen, bewährt und verwirklicht sich die integrative Kraft der öffentlichen Schule in besonderem Maße.

Das Gebot, keine männlichen Mitschüler zu berühren oder von diesen berührt zu werden, kann im Schwimmunterricht durch Lehrkräfte und die betroffene Schülerin in einem Maße verwirklicht werden, wie es auch außerhalb des Schwimmunterrichts im schulischen und außerschulischen Alltag möglich ist (BVerwG, Az.: 6 C 25.12). Damit liegt es an der Schülerin selbst, sich entsprechend zu verhalten, und an den Mitschülern, Rücksicht zu nehmen. Ein darüber hinausgehender Anspruch besteht nicht.

Auch damit, dass ein Befreiungsantrag nur eine einzelne Unterrichtsstunde oder eine überschaubare Zahl von Unterrichtseinheiten betrifft, kann eine Unterrichtsbefreiung nicht hinreichend begründet werden. Ein Anspruch auf Unterrichtsbefreiung könnte allenfalls bestehen, wenn ein religiöses Verhaltensgebot aus Sicht der Eltern imperativen Charakter aufwiese, also den Kern des religiösen Bekenntnisses, die Vornahme kultischer Handlungen oder die Ausübung religiöser Gebräuche beträfe. Das Bundesverwaltungsgericht hat mit dieser Rechtsprechung nahezu jede Möglichkeit der Befreiung vom Unterricht wegen der Unterrichtsinhalte oder -methoden aus religiösen Gründen ausgeschlossen.

UNTERRICHTSBEFREIUNG AUFGRUND VON RELIGIÖSEN FEIERTAGEN

Die Befreiung vom Unterricht an bestimmten religiösen Feiertagen ist in Erlassen der Bundesländer geregelt.

Eltern hatten, nachdem ihr Beurlaubungsantrag abgelehnt worden war, ihren Sohn am 21. Juni, dem Welthumanistentag, nicht zur Schule geschickt. Auf dem Zeugnis wurde ein unentschuldigter Fehltag aufgeführt. Die Eltern forderten die Streichung dieses Zeugnisvermerks und verlangten außerdem die Verpflichtung des Bundeslandes, den Welthumanistentag in das Verzeichnis der unterrichtsfreien Tage aufzunehmen.

Der Schüler durfte dem Unterricht am 21. Juni nicht fernbleiben, auch wenn die Eltern der Auffassung sind, der Welthumanistentag sei zu Unrecht nicht in die Liste der unterrichtsfreien Feiertage aufgenommen worden. Dies berechtigte die Eltern nicht zur »Selbsthilfe«, denn sie waren nicht ohne Rechtsschutz, da sie gegen die Versagung der Beurlaubung gerichtlich hätten vorgehen können.

Ein Bundesland ist nicht verpflichtet, den Welthumanistentag generell als unterrichtsfreien Tag zu behandeln. Eltern und Schüler haben keinen Anspruch darauf, dass das Bundesland von ihnen für wichtig gehaltene weltanschauliche Feiertage als unterrichtsfreie Tage behandelt (VG Berlin, Az.: 3 K 1020.11).

Die Entscheidung gewinnt zusätzlich an Überzeugungskraft, wenn man sich vorstellt, an welchen Tagen noch alle Schüler einer Klasse anwesend wären, wenn jede religiöse oder weltanschauliche Gruppierung an ihren Feiertagen eine Unterrichtsbefreiung beanspruchen könnte.

SCHULPFLICHT VERSUS VERSAMMLUNGSFREIHEIT

Die Schulpflicht kann aber nicht nur mit religiösen oder weltanschaulichen, sondern auch mit politischen Überzeugungen kollidieren.

Eine besorgte 16-jährige Staatsbürgerin verließ um 11:00 Uhr die Schule, um an einer Schülerdemonstration teilzunehmen. Die Schule hatte Eltern und Schüler darauf hingewiesen, dass eine Teilnahme an der Demonstration während der Unterrichtszeit am Vormittag nicht genehmigt werde. Die Mutter der Schülerin teilte der Schule nachträglich schriftlich mit, sie billige das Verhalten ihrer Tochter und fordere die Korrektur des Zeugnisvermerks unter der Rubrik »Versäumnisse: 3 Stunden, davon 2 unentschuldigt«, da die beiden wegen der Demonstration versäumten Unterrichtsstunden als entschuldigt zu werten seien.

Bei einem Konflikt zwischen dem Schulbesuch und dem Grundrecht der Versammlungsfreiheit hat im Regelfall die Schulpflicht Vorrang, es sei denn, das Anliegen der Demonstration könnte außerhalb der Unterrichtszeit gar nicht oder nur in deutlich geringerem Maße gefördert werden. Schüler können für bildungspolitische Forderungen auch am Nachmittag demonstrieren. Die wohl nicht ganz unrealistische Erwartung der Veranstalter einer Schülerdemonstration, während der Unterrichtszeit sei mit einer höheren Teilnehmerzahl als am Nachmittag zu rechnen, stellt kein Anliegen der Demonstration dar.

Die Demonstrationsteilnahme hat Vorrang, wenn es sich bei der Demonstration um eine Spontanversammlung als Reaktion auf eine akute Situation handelt. Das könnte der Fall sein, wenn der Schulträger eine Turnhalle über lange Zeit nicht saniert hat, sodass die Halle schließlich gesperrt wird, oder wenn Eltern und Schüler morgens Glasscherben und Drogenspritzen auf dem Schulgelände finden und dagegen protestieren.

Die Erlaubnis der Eltern, an einer Demonstration teilzunehmen, entbindet die Schüler nicht von der Erfüllung der Schulpflicht und die Eltern nicht von der Verpflichtung, eine Befreiung oder Beurlaubung zu beantragen. Entscheiden sich die Eltern und Schüler für einen Verstoß gegen die Schulpflicht, ist die damit verbundene Belastung durch einen Fehlstundenvermerk im Zeugnis zwangsläufig, erforderlich und nicht übermäßig (VG Hamburg, Az.: 2 K 3422/10).

Stellen Eltern oder Schüler einen Antrag auf Beurlaubung für einen Tag oder Befreiung von einzelnen Unterrichtsstunden, um an einer Demonstration teilnehmen zu können, prüft die Schule die Auswirkungen auf den Schulbetrieb und die Unterrichtsteilnahme der einzelnen Schüler. Gleichzeitige Anträge vieler Schüler beeinträchtigen den Schulbetrieb, und für die Schüler wichtiger Unterricht, eventuell sogar eine Klassenarbeit, darf natürlich nicht versäumt werden. Das Anliegen der Demonstration ist indes nicht zu prüfen, da die Schule zu politischer Neutralität verpflichtet ist – es sei denn, es handelte sich um verfassungsfeindliche Ziele oder gewaltbereite Teilnehmer.

INHALT UND GESTALTUNG DES UNTERRICHTS

Aus den religiösen, weltanschaulichen und politischen Überzeugungen der Schüler und Eltern ergibt sich kein Anspruch auf bestimmte Inhalte des Unterrichts, der Lehrpläne oder der Schulbücher und demzufolge auch kein Anspruch, die Beschäftigung mit bestimmten Unterrichtsinhalten verweigern zu können.

Die Eltern eines Schülers der 7. Klasse, die der Glaubensgemeinschaft der Zeugen Jehovas angehören, beantragten, ihren Sohn – nachdem das Buch »Krabat« von Otfried Preußler zuvor auszugsweise im Deutschunterricht behandelt worden war – von der Vorführung des gleichnamigen Films aus religiösen Gründen zu befreien, da sie alle Berührungspunkte mit Spiritismus und jeglicher Form von Magie meiden müssten.

Das Bundesverwaltungsgericht bestätigte die Rechtmäßigkeit der Ablehnung des Antrags durch die Schule (BVerwG, Az.: 6 C 12.12).

Führen nicht die Unterrichtsinhalte, sondern die Qualität des Unterrichts zu Meinungsverschiedenheiten zwischen Eltern, Schülern und Lehrern, haben Schüler keinen Anspruch auf eine von ihnen für besser gehaltene Unterrichtsgestaltung, da kein Rechtsanspruch auf einen »guten« Lehrer besteht, wie es auch keinen Rechtsanspruch auf einen »guten« Richter, Rechtsanwalt, Arzt oder Handwerker gibt. Eltern und Schüler können nur rechtmäßiges Handeln einfordern.

KRITERIEN DER KLASSENBILDUNG

In der Schule ist es nicht nur wichtig, was und wie, sondern auch mit wem gelernt wird. Schüler und Eltern wünschen sich daher häufig nicht nur die Aufnahme in eine bestimmte Schule, sondern auch in eine bestimmte Klasse. Die Schulleitung hat ein weites Ermessen bei der Klassenzusammensetzung. Der Rechtsanspruch der Schüler und Eltern reduziert sich auf die Abwehr von schikanösen oder willkürlichen Entscheidungen. Eine Entscheidung der Schulleitung ist nur rechtswidrig, wenn sie auf die Benachteiligung eines einzelnen Schülers abzielt oder unter keinem sachlichen Gesichtspunkt nachvollziehbar ist. Schulische Entscheidungen müssen auf allgemeingültigen Kriterien beruhen, die eine Gleichbehandlung aller betroffenen Schüler sicherstellen. Aus den Grundrechten oder den Schulgesetzen ergibt sich kein Anspruch auf Einrichtung oder Zugang zu einer Klasse mit einem bestimmten Profil.

Die Schule legt die Kriterien für den Zugang fest:

- Werden zwei Fremdsprachen als zweite Fremdsprache angeboten, gibt es für Schüler keinen Rechtsanspruch auf Unterricht in einer bestimmten Fremdsprache. Wer Latein bevorzugt, muss daher auch mit Französisch als zweiter Fremdsprache vorliebnehmen.
- Bildet eine Schule ab der 7. Klasse eine Laptop-Klasse, entscheidet die Schule aufgrund plausibler pädagogischer Überlegungen über den Zugang zu dieser Klasse.

Ist die besondere Gestaltung des Unterrichts in einer Klasse – etwa als bilinguale Klasse oder Laptop-Klasse – ausschlaggebend für den Wunsch, dieser Klasse zugeteilt zu werden, besteht lediglich ein Anspruch auf eine nachvollziehbar begründete Entscheidung.

BILINGUALE KLASSE

Eine Schülerin einer 7. Klasse, die im vorherigen Schuljahr an einer englischsprachigen Arbeitsgemeinschaft teilgenommen hatte, forderte die Berücksichtigung dieser AG-Teilnahme bei der Auswahl für eine der Klassen mit bilingualem Unterricht. Die Schule führte jedoch bei der Verteilung ein Losverfahren ohne die AG-Teilnahme als Auswahlkriterium durch. Die Schülerin war nicht unter den ausgelosten Schülern.

Die Zuweisung zu der bilingualen Klasse ist zwar kein Verwaltungsakt, gegen den in jedem Fall geklagt werden kann, sie geht aber über einfache organisatorische Regelungen hinaus. Die Schülerin konnte daher klagen, verlor den Prozess aber, da das Losverfahren eine willkürfreie Verteilung der Plätze und die Gleichbehandlung aller interessierten Schüler sicherstellte (VG Braunschweig, Az.: 6 B 321/06). Die Schule sei nicht gezwungen gewesen, die AG-Teilnahme als Auswahlkriterium heranzuziehen; sie hätte diese Teilnahme sogar nicht berücksichtigen dürfen, da sie damit jene Schüler, die nicht an der Arbeitsgemeinschaft teilgenommen hatten, unzulässig benachteiligt hätte.

Eine rechtmäßige Berücksichtigung der Arbeitsgemeinschaft hätte vorausgesetzt, dass alle Eltern und Schüler rechtzeitig darauf hingewiesen worden wären, dass die Teilnahme ein maßgebliches Kriterium beim Zugang zur bilingualen Klasse sein würde. Nur dann wären sich die Eltern und Schüler bei einer Entscheidung gegen die Teilnahme an der Arbeitsgemeinschaft der Bedeutung dieser Entscheidung für den späteren bilingualen Unterricht bewusst gewesen.

DISKRIMINIERENDE KLASSENBILDUNG

Eine in Deutschland geborene Schülerin mit türkischer Staatsangehörigkeit klagte gegen ihre Nichtversetzung, da eine diskriminierende Klassenbildung mit einem hohen Anteil überwiegend türkischsprachiger Schüler ursächlich für ihre Nichtversetzung gewesen sei.

Die Klage scheiterte: Schüler haben keinen Anspruch auf eine bestmögliche Verteilung hinsichtlich der Herkunftssprache, zumal es nicht zu belegen ist, dass ein höherer Anteil von Schülern, deren Muttersprache nicht Deutsch ist, für einzelne Schüler zwangsläufig zu einer nicht von ihnen zu verantwortenden schlechteren Leistung führt (VG Berlin, Az.: 3 K 271/12). Es kommt eben in der Schule wie im Leben nicht nur auf die äußeren Umstände an. Entscheidend ist, wie der Einzelne auf diese Umstände reagiert. In einer schwachen Lerngruppe einer der guten Schüler zu sein, kann zu noch besseren Leistungen anspornen, aber auch zu Bequemlichkeit und schwächeren Leistungen verführen.

VORGABE DER SITZORDNUNG

Nach der Zusammensetzung der Klasse kann das Zusammensitzen zum Problem werden. Lehrer können die freie Partnerwahl gestatten, aber auch die Sitzordnung vorschreiben oder ändern. Die Zuweisung eines Sitzplatzes ist eine Maßnahme der innerschulischen Organisation, gegen die weder ein Widerspruch eingelegt noch Klage erhoben werden kann. Unzufriedenen Schülern bleibt nur eine Beschwerde. Eine Klagemöglichkeit besteht nicht, weil diese organisatorischen Alltagsentscheidungen weder tatsächlich noch rechtlich eine nennenswerte belastende Wirkung haben.

Schüler wünschen sich manchmal, ein anderer Schüler wäre nicht in ihrer Klasse oder an ihrer Schule aufgenommen worden, da das der sicherste Weg gewesen wäre, sie zu schützen. Versuchen sie, diesen Wunsch in einen rechtlichen Anspruch zu verwandeln, ist die Enttäuschung garantiert. Die Klage ist bereits unzulässig, wird vom Gericht also nicht zur Entscheidung angenommen, da eine gesetzliche Grundlage für einen solchen Anspruch fehlt. Wären derartige

Klagen zulässig, könnten Schüler die Aufnahme eines anderen Schülers, der im Kindergarten gefährliche Tendenzen aufgewiesen hat, in ihre Grundschule verhindern und so einen Konflikt mit der Schulpflicht herbeiführen (VG Stuttgart, Az.: 12 K 2286/11).

In gravierenden Fällen empfinden Schüler nicht nur ihren Sitznachbarn als unangenehm, sondern die bloße Anwesenheit eines Mitschülers in der Klasse als erhebliche Beeinträchtigung. Die Erfolgsaussichten des Versuchs, die Schule an der Aufnahme eines Schülers in die Klasse oder an der Überweisung eines Schülers aus einer Parallelklasse hindern zu können, sind äußerst gering.

Ein Schüler, den ein Mitschüler heftig ins Gesicht geschlagen und unter erheblichen psychischen Druck gesetzt hatte, klagte auf Überweisung dieses Mitschülers in die Parallelklasse. Die Klage wurde abgewiesen. (VG Darmstadt, Az.: 3 L 879/14)

Zwar hat der Mitschüler mit dem heftigen Schlag in das Gesicht des Schülers den Straftatbestand der Körperverletzung erfüllt sowie gegen die Schulordnung verstoßen und damit die Voraussetzungen für den Erlass einer Ordnungsmaßnahme erfüllt. Es liegt jedoch im Ermessen der Schule, ob und welche Ordnungsmaßnahmen sie ergreift. Sie kann den Schüler daher auch für mehrere Tage vom Unterricht ausschließen. Ein Anspruch würde voraussetzen, dass die Überweisung in die Parallelklasse offensichtlich die einzig rechtmäßige und zu ergreifende Maßnahme wäre.

EINRICHTUNG VON GEBETSRÄUMEN

Ein Schüler muslimischen Glaubens eines Gymnasiums, dessen Schülerschaft überwiegend aus muslimischen Schülern bestand, forderte das Recht, in den Pausen auf dem Flur zusammen mit anderen Schülern beten zu dürfen. Zudem forderte er die Einrichtung eines Gebetsraums.

Gebete in der Schule sind vom Schutzbereich der Religionsfreiheit umfasst und daher nicht grundsätzlich verboten. Gibt es aber an einer Schule ein großes Konfliktpotenzial wegen der religiösen Zusammensetzung der Schülerschaft und hat es in der Vergangenheit – wie in diesem Fall – bereits Konflikte wegen eines Gebets gegeben, darf die Schule ein rituelles Gebet untersagen, da die Religionsfreiheit zum Schutz des Schulfriedens eingeschränkt werden darf.

Ein Anspruch auf einen Gebetsraum besteht nicht, da keine Schule verpflichtet ist, Räume für private Aktivitäten zur Verfügung zu stellen (BVerwG, Az.: 6 C 20.10).

VERPFLEGUNG DER SCHÜLER

Das Mittagessen gehört zur Schulorganisation, bei der die Schule einen weiten Gestaltungsspielraum hat. Aus den Grundrechten lassen sich keine Ansprüche auf eine spezielle Verpflegung ableiten, da sie vorrangig Abwehrrechte und keine Leistungsrechte sind. Der Gestaltungsspielraum muss sachgerecht ausgeübt werden; das ist aber der Fall, wenn angesichts eines Einzelwunsches oder einer geringen Zahl von Wünschen der organisatorische Aufwand und die Kosten unverhältnismäßig hoch wären. Im Übrigen hat das Gericht (VG Berlin, Az.: 3 K 503.15) in einem Fall, bei dem die Eltern einer Schülerin ein veganes Menü forderten, ganz lebensnah darauf verwiesen, dass die Schülerin ihr Essen mitbringen könne, wie das in einigen Fällen auch Kinder täten, die an bestimmten Allergien litten.

SANITÄRE EINRICHTUNGEN

Schüler dürfen nicht gezwungen werden, für die Toilettennutzung in der Schule eine Gebühr zu zahlen; sie dürfen aber auch nicht erwarten, dass die Schule die Toiletten unbeaufsichtigt und unkontrolliert lässt. Eine vom Förderverein oder durch freiwillige Spenden finanzierte Aufsichts- und Reinigungskraft kann daher vor der Toilettennutzung die Hinterlegung des Schülerausweises verlangen.

Der Förderverein einer Schule stellte eine Aufsichts- und Reinigungskraft für eine der Toilettenanlagen der Schule ein. Die Nutzung dieser Toilettenanlage war nur Schülern gestattet, deren Eltern an den Förderverein pro Schuljahr 10 Euro überwiesen.

Stehen in einer Schule mehrere Toilettenanlagen zur Verfügung, ist es umstritten, ob eine Toilettenanlage vom Förderverein betreut und nur gegen Gebühr zur Verfügung gestellt werden darf, wenn die andere kostenlos benutzbar ist. Es muss eine tatsächliche Wahlfreiheit bestehen, an der es beispielsweise fehlt, wenn zwar eine kostenlos nutzbare Toilette zur Verfügung steht, diese jedoch nur schlecht erreichbar ist, da sie in einem Nebengebäude liegt, oder die Anzahl der Schüler pro Toilette deutlich ungünstiger ist als bei der Bezahltoilette. Es müssen also ausreichend kostenlose Toiletten vorhanden sein. Zudem muss die Spende für die Toilettennutzung so gering sein, dass sie von allen Eltern aufgebracht werden kann. Das ist bei 10 Euro pro Schuljahr durchaus der Fall.

Gegen die rechtliche Zulässigkeit einer Bezahltoilette sprechen die Verpflichtung des Schulträgers, die notwendigen äußeren Voraussetzungen für den Schulbesuch kostenlos zur Verfügung zu stellen, sowie die Gefahr der Entstehung einer Zweiklassengesellschaft innerhalb der Schülerschaft, was dem Bildungs- und Erziehungsauftrag der Schule widerspräche.

Dafür spricht, dass kostenlose Toiletten in ausreichendem Maße zur Verfügung stehen und der finanzielle Beitrag niemanden überfordert. Darüber hinaus kann so ein Bewusstsein für den Wert der Leistung des Schulträgers und für die Auswirkungen des Verhaltens derjenigen Schüler, die ihren Mitschülern die Nutzung einer sicheren und sauberen Toilette unmöglich machen, gefördert werden.

VORGABEN FÜR DIE ANSCHAFFUNG BESTIMMTER PRODUKTE

Die Pflicht der Eltern, die Schüler angemessen für den Schulbesuch auszustatten, bezieht sich nur auf das für den Unterricht Notwendige. Lehrer dürfen zwar Qualitätsanforderungen vorgeben, aber weder die Anschaffung eines bestimmten Produkts für den Unterricht vorschreiben noch die Qualitätsanforderungen so definieren, dass sie nur ein Produkt erfüllt. Reine Empfehlungen dürfen Lehrer aussprechen, da sie für Eltern und Schüler durchaus hilfreich sein können und keine verbotene Produktwerbung darstellen, sondern auf unterrichtsbezogener Erfahrung beruhen.

Eine Produktwerbung in der Schule ist nur verboten, wenn keine pädagogischen Ziele, sondern der wirtschaftliche Zweck im Vordergrund stehen. Lehrer dürfen auf Schülerfragen nach ihrer Einschätzung eines Produkts oder ihrem privaten Kaufverhalten ehrlich antworten, da sie damit nicht unaufgefordert eine Werbebotschaft an die Schüler herantragen, sondern erkennbar lediglich eine persönliche Einschätzung abgeben.

Produktwerbung ist in nahezu allen Bundesländern verboten, während Sponsoring erlaubt ist. Beim Sponsoring wird nicht für den Kauf eines Produkts geworben, sondern auf die Unterstützung der Schule durch ein Unternehmen hingewiesen.

INFORMATIONSANSPRUCH VON ELTERN UND SCHÜLERN

Das Erziehungsrecht der Eltern sowie die Glaubensfreiheit der Eltern und Schüler begründen bei religiös oder weltanschaulich sensiblen Inhalten, insbesondere bei der Sexualerziehung, einen weitreichenden Informationsanspruch. Das bedeutet, die Eltern müssen über wesentliche Inhalte und Ziele des Unterrichts informiert werden, damit sie darauf in der eigenen Erziehung reagieren können.

Ständige, detaillierte und umfangreiche Informationen der Eltern, wie etwa die Übermittlung sämtlicher Hausaufgaben per E-Mail oder regelmäßige Gesprächstermine zur Erörterung der methodischen und didaktischen Gestaltung des Unterrichts, können Lehrer hingegen verweigern, da diese

- dem Anspruch aller Eltern auf Gleichbehandlung widersprechen,
- eine unzumutbare Arbeitsbelastung darstellen,
- die Aufgabenverteilung zwischen Schülern, Eltern und Lehrern verkennen und
- schlimmstenfalls als Schikane anzusehen sind (OVG Niedersachsen, Az.: 2 ME 451/12).

In wichtigen schulischen Angelegenheiten müssen Lehrer dagegen die Eltern unaufgefordert informieren, wenn sie davon ausgehen müssen, dass den Eltern das Problem nicht bekannt ist.

INFORMATIONSRECHT VERSUS INFORMATIONSPFLICHT

Das Informationsrecht der Eltern ist von größter Bedeutung, da einer vertrauensvollen Zusammenarbeit ohne Transparenz die Grundlage fehlt. Das Informationsrecht verleiht aber keine umfassende Kontroll- und Beschwerdebefugnis.

Der Vater einer Schülerin, die in einer Lernzielkontrolle die Note »gut« erhalten hatte und deren Sozialverhalten als unauffällig bewertet wurde, forderte von der Fachlehrerin eine detaillierte Erläuterung der wissenschaftlichen Grundlagen der Fragestellungen sowie der Methoden und Inhalte des Unterrichts. Von der Klassenlehrerin verlangte er eine ausführliche Einschätzung des Sozialverhaltens seiner Tochter und eine Stellungnahme zu seinen gegenteiligen Auffassungen, Wertungen und Beobachtungen. Die beiden Lehrerinnen beschränkten sich in ihren Stellungnahmen auf die wesentlichen Grundlagen der Bewertung.

Eltern haben ein Informationsrecht und Lehrer haben eine Informationspflicht zu erfüllen. Das gilt in besonderem Maße bei Schwierigkeiten im Lernprozess oder der Erziehung. Das Ausmaß der Informationspflicht ist daher bei leistungsstarken und erzieherisch unauffälligen Schülern von vornherein begrenzt. In welcher Form und Intensität sowie mit welchen Inhalten die Lehrer Gespräche mit den Eltern führen, entscheiden sie in eigener pädagogischer Verantwortung. Die Eltern können keine ausführliche und detaillierte Diskussion über die Unterrichtsgestaltung und die Leistungsbewertung sowie die Beurteilung des Sozialverhaltens und ihre von der Einschätzung der Schule abweichenden Wertungen fordern (OVG Niedersachsen, Az.: 2 ME 451/12). Die Fachlehrerin und die Klassenlehrerin haben den Vater im beschriebenen Fall in ausreichendem Maße informiert.

HAUSVERBOT AUF ZEIT FÜR ELTERN

Gegen Eltern kann die Schule keine Ordnungsmaßnahmen ergreifen. Sie kann aber schikanöse oder unqualifizierte Beschwerden und Widersprüche nur eingeschränkt bearbeiten oder ein Hausverbot aussprechen.

Eine Mutter ermahnte und bedrohte in Pausen und nach Unterrichtsende auf dem Schulhof Schüler, die sich vermeintlich oder tatsächlich gegenüber ihrer Tochter nicht richtig verhalten hatten.

Ein Vater überzog die Lehrer und die Schulleitung mit Beschwerden und stellte Lehrer für ihr angebliches Versagen lautstark zur Rede.

Gegenüber beiden kann ein Hausverbot ausgesprochen werden. Ob dieses für eine gewisse Zeit das Betreten des Schulgeländes generell untersagt oder ob Ausnahmen etwa für Elternsprechtage und Elterngremien gemacht werden, hängt im Einzelfall vom zu erwartenden Verhalten der Eltern ab.

Die Wertung von Beschwerden als Rechtsmissbrauch und die Rechtmäßigkeit der Verweigerung einer Antwort beruhen unter anderem auf der Häufigkeit der Beschwerden, ihrer Berechtigung und der Angemessenheit der Ausdrucksweise.

ANSPRÜCHE BEHINDERTER SCHÜLER

Mit der Behindertenrechtskonvention verhält es sich wie mit den Bildungszielen in den Länderverfassungen, der Stundentafel oder der individuellen Förderung: Sie geben den Bundesländern oder den Schulen verbindliche Ziele vor, verleihen einzelnen Schülern aber keine individuellen einklagbaren Rechte. Das wäre angesichts der Vielfalt und der grundlegenden Verschiedenheit der Schulsysteme der Länder, welche die Behindertenrechtskonvention ratifiziert haben, auch schlichtweg unmöglich.

Das UN-Behindertenrechtsübereinkommen hat den Rang eines Bundesgesetzes und ist daher im Sinne des Grundgesetzes, insbesondere Artikel 3 Absatz 3 Satz 2 GG, der die Benachteiligung Behinderter untersagt und bestimmte Bevorzugungen zulässt, auszulegen. Daher kommt es rechtlich nicht entscheidend auf die Frage an, ob das UN-Übereinkommen ein »integratives« oder ein »inklusives« Bildungssystem fordert. In jedem Einzelfall ist eine Abwägung der Interessen der behinderten und der nicht behinderten Schüler sowie der organisatorischen, personellen, sächlichen und pädagogischen Rahmenbedingungen erforderlich. Dabei kommt keinem Gesichtspunkt eine von vornherein ausschlaggebende Bedeutung zu (VGH Baden-Württemberg, Az.: 9 S 1833/12).

Die Bundesländer entscheiden also, ob und welche Förderschulen sie anbieten, nach welchen Regeln der Wechsel von einer Förderschule zu einer Regelschule oder umgekehrt erfolgt und welche Qualität die Förderung an einer Regelschule besitzt. Sie entscheiden auch, ob der Besuch einer Regelschule nur bei zielgleicher Unterrichtung (das heißt, der behinderte Schüler kann den Schulabschluss erreichen) oder auch bei zieldifferenter Unterrichtung (das heißt, der behinderte Schüler ist nicht in der Lage, den Schulabschluss zu erreichen) möglich ist. Die Bundesländer entscheiden, welche individuellen Ansprüche auf eine bestimmte Qualität der Förderung bestehen, und haben wohlweislich weitgehend auf die gesetzliche Garantie von Qualitätsansprüchen verzichtet.

Die bittersten Erfahrungen mit fehlenden individuellen Ansprüchen machen jene behinderten Schüler, bei denen die Qualität der Förderung an der Regelschule die Qualität der Förderung an der Förderschule nicht erreicht. Das gilt vor allem für Schüler mit einem Förderbedarf im Lernen, die weit hinter den Lernerfolgen ihrer Mitschüler zurückbleiben, und für Schüler mit emotionalem und sozialem Förderbedarf, die den Unterricht erheblich beeinträchtigen. Sie haben dann an der Regelschule weder einen Anspruch auf Betreuung durch einen Sonderpädagogen, dessen Ausbildung zu ihrer Behinderung passt, noch auf eine bestimmte Anzahl von Förderstunden. Behinderte Schüler, die den Abschluss der besuchten Regelschule nicht erreichen können, benötigen aber in den meisten Unterrichtsstunden eine intensive Förderung.

Die fehlenden oder völlig unzureichenden Ansprüche der behinderten Schüler auf eine den Möglichkeiten der Förderschulen entsprechende Förderung können zu Beeinträchtigungen der nicht behinderten Schüler führen, die diesen aber ebenfalls unter Berufung auf die Rechtslage kaum begegnen können, da sie eine bessere Förderung der behinderten Schüler ebenso wenig einklagen können wie einen für sie unbeeinträchtigten Unterricht.

Das Bundesverfassungsgericht hat in seiner Rechtsprechung zur Benachteiligung von Behinderten im Schulsystem deutlich gemacht, dass ideologisch-apodiktische Festlegungen von der Art »Behinderte müssen Förderschulen besuchen« oder »Behinderte müssen Regelschulen besuchen« dem Grundgesetz nicht entsprechen und die Rechte aller Beteiligten im Einzelfall zu respektieren und gegeneinander abzuwägen sind. Diese Rechtsprechung gilt unverändert auch nach der Umsetzung der Behindertenrechtskonvention durch die Bundesländer. Das entspricht der durch mehrere Obergerichte festgestellten Rechtslage, aber auch dem Respekt vor den gleichen Rechten aller Schüler und einer verantwortungsbewussten Suche nach gerechten Lösungen, die allen betroffenen Schülern den größtmöglichen Bildungserfolg ermöglichen. Eine den Rechten aller Beteiligten bestmöglich entsprechende Lösung scheitert häufig an den personellen und sächlichen Rahmenbedingungen, aber auch an der Gesetzeslage. Lehrer dürfen zu wenig, um behinderte und nicht behinderte Schüler gleichermaßen zu fördern und zu schützen. Bei schwerwiegenden und dauerhaften Unterrichtsstörungen sind ihre Handlungsmöglichkeiten begrenzt, und ein Antrag auf Überweisung an eine Förderschule gegen den Willen der Eltern darf nur in Ausnahmefällen gestellt werden oder scheitert an der Schließung von Förderschulen. Die These, dass Rechte der Lehrer häufig mehr Lernerfolg und Schutz der Schüler bedeuten, wird hier bestätigt.

FESTSTELLUNG EINES FÖRDERBEDARFS

Die jeweiligen Vor- und Nachteile eines integrativen Schulbesuchs oder des Besuchs einer Förderschule sind weder allein aus der Sicht des Schülers mit Förderbedarf und seiner Eltern noch ausschließlich aus der Sicht der nicht behinderten Schüler, des Schulträgers und der Schulaufsicht zu beurteilen (OVG Sachsen, Az.: 2 B 229/14). Die Feststellung eines Förderbedarfs ist Aufgabe der Schule und der Schulaufsicht.

Bei einem Schüler wurde ein sonderpädagogischer Förderbedarf mit dem Schwerpunkt der emotionalen und sozialen Entwicklung festgestellt. Der Schüler behauptete dagegen, einen Förderbedarf im Lernen zu haben, und stützte sich dabei auf Aussagen der Lei-

ter von Gruppenangeboten von Sportvereinen, der Familienhilfe und das Gutachten eines ihn behandelnden Diplompädagogen.

Ob ein sonderpädagogischer Förderbedarf besteht und welchen Schwerpunkt der Förderbedarf hat, beurteilen die Lehrer auf der Grundlage des in der Schule gezeigten Lern- und Leistungsverhaltens sowie des Sozialverhaltens. Die Hinzuziehung außerschulischen Sachverstands ist normalerweise nicht geboten, es sei denn, es gäbe entsprechende Gesetze und Vorschriften, oder die Lehrer hielten ihn für notwendig (OVG Niedersachsen, Az.: 2 ME 368/12).

KÜNDIGUNG DES SCHULVERTRAGS

Unterricht, Erziehung und das Schulleben insgesamt können sich nur durch Vertrauen und gegenseitigen Respekt entwickeln. Das gilt für öffentliche und private Schulen gleichermaßen. Bringen Schüler und Eltern ihr Misstrauen gegenüber den Lehrern und der Schulleitung deutlich und wiederholt zum Ausdruck oder äußern sie sich sogar herabsetzend und drohend, ist es für eine öffentliche Schule nur in sehr schwerwiegenden Fällen möglich, sich von den Schülern durch Überweisung auf eine andere Schule zu trennen. Eine Schule in freier Trägerschaft kann sich von Schülern und Eltern, die selbst die Grundlage für eine vertrauensvolle Zusammenarbeit als nicht mehr gegeben ansehen, leichter trennen, da sie den Schulvertrag kündigen kann. Dabei muss sie lediglich die Kündigungsfrist einhalten.

Der Bundesgerichtshof, das höchste deutsche Zivilgericht, hat dazu festgestellt, der Träger einer privaten Schule habe ein Recht, seine Vorstellung von der Gestaltung der Schule gegen mit diesem Konzept nicht mehr einverstandene Schüler und Eltern zu verteidigen, und es könne von Eltern erwartet werden, im Umgang mit der Schule zur Zusammenarbeit und Konfliktlösung bereit zu sein. Die Verweigerung von Gesprächen mit der Schule, völlig unverhältnismäßige Drohungen mit juristischen Schritten einschließlich haltloser strafrechtlicher Vorwürfe, seien schwere Verstöße gegen diese Verpflichtungen und berechtigten den Schulträger zur fristgemäßen Kündigung des Schulvertrags (BGH, Az.:III ZR 74/073).

Die öffentliche Schule kann keinen Schulvertrag kündigen, da ihre Rechtsbeziehungen zu den Schülern und Eltern nicht auf einem Vertrag, sondern auf dem Schulgesetz beruhen. Doch für öffentliche Schulen gilt die gesetzliche Pflicht der Eltern, mit der Schule vertrauensvoll zusammenzuarbeiten.

ZUSAMMENFASSUNG: WAS LEHRER DÜRFEN

- die organisatorischen Abläufe in der Schule festlegen, ohne dass eine Klage der Schüler oder Eltern möglich wäre
- eine Befreiung vom Schwimmunterricht aus religiösen Gründen verweigern
- eine Befreiung vom koedukativen Sportunterricht aus religiösen Gründen verweigern
- das Fehlen an weltanschaulich oder religiös für wichtig gehaltenen Tagen ohne Beurlaubung durch die Schule als unentschuldigtes Fehlen ansehen
- die Beurlaubung zur Teilnahme an einer Demonstration verweigern
- Ansprüche von Eltern und Schülern, die bestimmte Unterrichtsinhalte, Unterrichtsmethoden, Lehr- und Lernmittel fordern oder ablehnen, zurückweisen
- über den Zugang zu bestimmten Lerngruppen entscheiden
- Schülern auch gegen ihren Willen Sitzplätze und Sitznachbarn zuweisen
- die Entfernung eines Schülers wegen seines Fehlverhaltens aus der Klasse ablehnen
- den Schulfrieden störende rituelle Gebete verbieten
- die Berücksichtigung besonderer individueller Ernährungswünsche beim Mittagessen der Schüler in der Schule ablehnen
- den Toilettenbereich kontrollieren
- für den Unterricht benötigte Produkte empfehlen und Auskunft über ihr privates Kaufverhalten geben
- überzogene Informationsansprüche von Eltern und Schülern zurückweisen
- Hausverbote gegen Eltern aussprechen
- die Rechte behinderter und nicht behinderter Kinder angemessen gegeneinander abwägen

- auf Antrag über den sonderpädagogischen Förderbedarf entscheiden
- an einer Schule in freier Trägerschaft beim Schulträger die Kündigung eines Schulvertrages anregen

2 GESTALTUNG DES UNTERRICHTS

»Unterricht ist das Kerngeschäft von Schule«, lautet eine neuere bildungspolitische Erkenntnis. Da kann man nur erwidern: »Wer hätte das gedacht?« Bevor der vorhersehbare Streit über guten, erfolgreichen, demokratischen, kindgerechten oder sonst irgendwie »richtigen« Unterricht entbrennt, ist es ratsam, eine schlichte Tatsache nicht aus den Augen zu verlieren: Unterricht muss möglich sein – und das ist er nur, wenn die Schüler anwesend, ruhig und aufmerksam sind.

Anordnungen von Lehrern und schulische Regelungen dienen häufig der möglichst reibungslosen Organisation des Schullebens. Ob die Kleidung an die Garderobe im Flur gehängt werden muss oder mit in den Unterrichtsraum gebracht werden darf, ob die Schüler bei schlechtem Wetter auf den Schulhof dürfen oder im Gebäude bleiben müssen, wird pragmatisch entschieden. Solche organisatorischen Entscheidungen ohne nennenswerte rechtliche oder tatsächliche Belastungen können nie mit einem Widerspruch oder einer Klage angegriffen werden. Beschwerden sind zwar möglich, aber im Normalfall zwecklos.

Es gibt zahlreiche Gesetze und Vorschriften, aus denen Schüler und Eltern keine Ansprüche ableiten können. Nicht nur die Pausenzeiten, auch die Stundenzahl der Fächer pro Halbjahr ist in

Vorschriften geregelt. Aus dieser Stundentafel können Eltern und Schüler jedoch keinen Anspruch auf unverkürzten Unterricht ableiten. Wurden also beispielsweise statt der vorgesehenen vier Stunden Deutsch nur drei Stunden erteilt, können Schüler die vierte Stunde nicht einklagen, da die Stundentafel eine für die Schulen verbindliche Vorgabe für die Planung des Unterrichts ist, aber kein individuelles Recht der Schüler begründet. Rechte der Schüler würden erst verletzt, wenn ihr Bildungserfolg durch den Stundenausfall offensichtlich gefährdet würde, zum Beispiel wenn in einer Abschlussklasse der gesamte Deutschunterricht ausfiele.

ANGEMESSENES VERHALTEN IM UNTERRICHT

PINKELPAUSE

Nicht selten möchten Schüler ganz ohne Erlaubnis des Lehrers den Unterricht verlassen, um auf die Toilette zu gehen. Bei der Suche nach einer Begründung der Auffassung, jeder Schüler habe jederzeit das Recht, während des laufenden Unterrichts zur Toilette zu gehen, stößt man in der Argumentation einiger Schüler und Eltern auf nicht mehr und nicht weniger als die Menschenwürde. Da die Gesetzgeber aller Bundesländer – und das dürfte sogar weltweit gelten – es bisher versäumt haben, das fundamentale Recht auf jederzeitigen Toilettengang gesetzlich abzusichern, muss eben die Menschenwürde herhalten. Die Schulgesetze verpflichten die Schüler jedoch, am Unterricht teilzunehmen, und sehen nur eine Befreiung durch den unterrichtenden Lehrer oder die Schulleitung vor.

Lehrer sind in der Tat nur in seltenen Ausnahmefällen zur Gestattung des Toilettengangs verpflichtet. Leidet ein Schüler beispielsweise nachweislich an einer Blasenentzündung, darf er bis zum Ende der Erkrankung die Toilette auch während des Unterrichts aufsuchen.

Den Nachweis erbringt er durch die Vorlage eines ärztlichen Attests. Gesunden Grundschülern und erst recht Berufsschülern sollte es indes ohne Weiteres möglich sein, für 45 oder 90 Minuten auf den Gang zur Toilette zu verzichten.

Bei der Entscheidung über die Erlaubnis, die Toilette während des Unterrichts aufsuchen zu dürfen, sind das Ausmaß der Unterrichtsstörung durch die Häufigkeit des Wunsches, die Zuverlässigkeit des Schülers, die Glaubwürdigkeit und Dringlichkeit des Wunsches und – bei Grundschülern – die Aufsicht während des Toilettengangs sowie die Lage der Toilette im Gebäude oder auf dem Gelände zu berücksichtigen.

Ein Schüler einer 3. Grundschulklasse fragte die Lehrerin, ob er zur Toilette gehen dürfe. Die Lehrerin verwies auf den in zehn Minuten endenden Unterricht und lehnte ab. Der Schüler nässte sich in der Folge ein.

War die Gefahr des Einnässens nicht unmittelbar erkennbar, hat die Lehrerin in dem beschriebenen Fall rechtmäßig entschieden. Ausschlaggebend ist demnach nicht das tatsächliche Ergebnis, sondern das in der Entscheidungssituation *vorhersehbare* Ergebnis. Das gilt umso mehr, als keineswegs ausgeschlossen werden kann, dass Schüler sich – aus Wut oder um Druck auszuüben – absichtlich einnässen.

SPEIS UND TRANK

Schüler dürfen im Unterricht essen und trinken, wenn Lehrer dies gestatten. Ein Verbot ist jedoch rechtmäßig, da beide Aktivitäten nicht zum Lernerfolg beitragen, sondern eher ablenken – nicht zuletzt die Mitschüler, die zu unfreiwilligen Gästen im Klassenzimmerrestaurant werden – und hygienisch bedenklich sein können. Eine mehr als ausreichende Bewässerung der Gehirnzellen kann durchaus auch in den Pausen erfolgen.

Auch Kaugummikauen ist kein menschliches Grundbedürfnis. Ein Verbot stellt keinen nennenswerten Eingriff dar und ist daher mit dem Hinweis auf angemessenes Verhalten und die Gefahr schwer zu entfernender Verschmutzungen ausreichend begründet.

ANGEMESSENE KLEIDUNG

Kleidung folgt der Mode, kann aber auch von religiösen, weltanschaulichen oder politischen Überzeugungen abhängen. Schüler dürfen daher in der Schule religiös, weltanschaulich oder politisch motivierte Kleidung tragen, wie etwa ein islamisches Kopftuch, einen Schal in den Nationalfarben des Heimatlandes oder Aufnäher, die die Zugehörigkeit zu einer bestimmten politischen Gruppierung zeigen. Schüler dürfen mit ihrer Kleidung jedoch nicht die schulische Ordnung beeinträchtigen oder stören, etwa durch bewusste Provokation von Mitschülern, Bandenbildung oder eindeutige und schwerwiegende Verstöße gegen Erziehungsziele: Aufnäher mit islamistischen Parolen, Embleme terroristischer Vereinigungen, eine Einheitskleidung, durch die sich die Mitglieder einer Gruppe im Schulleben deutlich in bedrohlicher Absicht von allen anderen Schülern abgrenzen, oder gewaltverherrlichende Abbildungen auf T-Shirts oder Jacken sind grundsätzlich verboten.

Der Erziehungsauftrag der Schule, Schüler zu sozialadäquatem Verhalten zu erziehen, rechtfertigt das Verbot des Tragens von Kappen, Mützen und Kapuzen im Unterricht. Dieses Verhalten stört zwar in der Regel nicht unmittelbar den Unterricht, widerspricht aber dem sozial üblichen Verhalten, in geschlossenen Räumen in Anwesenheit anderer keine Kopfbedeckung zu tragen. Es zeugt auch von fehlendem Bewusstsein für die Ernsthaftigkeit und Qualität schulischen Lernens. Gleiches gilt für Jacken und Mäntel, die Schüler während des Unterrichts anbehalten wollen.

ÜBERWIEGEND FREIE KLEIDERWAHL

Bei der Kleidung wird die Schule einen großzügigen Maßstab anlegen, da sie die freie Entfaltung der Schüler und deren Meinungsäußerungsfreiheit respektieren wird und es Schülern nicht gestattet werden darf, durch überzogenen und voreiligen Protest anderen Schülern eine bestimmte Kleidung oder Meinungsäußerungen zu verbieten. Die Haltung der Schule in diesen Fragen ist Ausdruck ihres Erziehungsverständnisses. Die Schule kann ein ihren Erziehungsauftrag präzisierendes Verbot in die Schulordnung aufnehmen.

Eine Schuluniform gibt es in keinem Bundesland. Ob das Fluch oder Segen ist, sei einmal dahingestellt. Die Schüler dürfen sich dem eigenen Geschmack entsprechend kleiden. Doch vor allem im Sommer scheinen einige Schüler die Schule mit einem Freibad oder einer Diskothek zu verwechseln. Selbst wenn die Schulordnung »angemessene Kleidung« vorschreibt, ist das Problem nicht gelöst, da »angemessen« sehr unterschiedlich verstanden und ausgelegt werden kann. Die Schulkonferenz kann in die Schulordnung einige Beispiele unangemessener Kleidung, wie das Verbot einer bauchfreien Zone oder sehr tiefer Ausschnitte, aufnehmen. Letztlich bleibt es aber immer die Aufgabe der Schulleitung, unter Berücksichtigung aktueller Moden, des Alters und Entwicklungsstands der Schüler, der Zusammensetzung der Schülerschaft und der Ziele des Schulprogramms festzulegen, welche Kleidung »unangemessen« ist. Dabei steht ihr ein Beurteilungsspielraum zu.

Lehrer müssen sich nicht nur angemessen, sondern »amtsangemessen« kleiden. Flipflops und Shorts sind ebenso unangebracht wie Achselshirts. Hier kann die Schulleitung entsprechende Forderungen an die Lehrerschaft stellen.

FREIZÜGIGE KLEIDUNG

Eine 16-jährige Schülerin trug sehr kurze Shorts und ein Top, das große Ähnlichkeit mit einem Bikinioberteil besaß. Ihre Klassenlehrerin forderte sie auf, entweder ein langes T-Shirt aus Schulbeständen überzuziehen oder sofort nach Hause zu gehen und sich umzuziehen.

Schüler, die sich bei ihrer Kleiderwahl auf die Erlaubnis ihrer Eltern und eine gegenteilige eigene Einschätzung berufen, müssen Anordnungen wie im beschriebenen Fall oder die Anweisung, am nächsten Tag angemessen gekleidet zur Schule zu kommen, befolgen, da die Schule einen eigenständigen Erziehungsauftrag neben den Eltern hat. Rechtlich gesehen hätte die Anordnung nur dann keinen Bestand, wenn sie willkürlich, schikanös oder unverhältnismäßig wäre. Der Maßstab dürfen dabei allerdings nicht die persönlichen Vorstellungen der Lehrer, sondern nur allgemein oder überwiegend in der Gesellschaft akzeptierte Anforderungen sein.

VERHÜLLTE GESICHTER UND KÖRPER

Außerordentliche Freizügigkeit kann unzulässig sein, extreme Verhüllung aber ebenso. Schülerinnen dürfen an öffentlichen Schulen ein islamisches Kopftuch tragen, während ihnen das an einer Privatschule untersagt werden kann, wenn diese religiöse Bekundung dem Konzept des Schulträgers widerspricht (LG Bonn, Az.: 1 O 365/14).

An öffentlichen Schulen ist lediglich das Tragen eines Ganzkörperschleiers untersagt, da diese ständige Verweigerung der Kommunikation über Mimik und Gestik und bei einigen derartigen Kleidungsstücken sogar über den Augenkontakt die in der Schule unabdingbare Kommunikation zu sehr einschränkt (VGH Bayern, 7 CS 13.2592).

PAUSENZEITEN

Zu den Wünschen, die Lehrer und Schüler teilen, gehört der Wunsch nach einer Pause. Diese Einigkeit im Grundsätzlichen schließt aber Meinungsverschiedenheiten im Einzelfall nicht aus.

Schüler haben keinen Rechtsanspruch auf bestimmte organisatorische Abläufe in der Schule und können diese auch gar nicht haben, da bei mehreren Hundert Schülern so viele unterschiedliche oder gegensätzliche Ansprüche geltend gemacht würden, dass diese sich gegenseitig blockierten und das perfekte Chaos die Folge wäre. Schüler können also kein Gericht mit der Frage beschäftigen, ob die Einschätzung der Schule, es sei zu regnerisch gewesen, um sie in der Pause auf den Schulhof zu schicken, zutreffend war. Doch nicht nur bei diesem Thema gibt es offenbar Diskussionsbedarf.

VERKÜRZUNG DER PAUSENZEIT

Ein Rechtsanspruch auf Pause entstünde erst, wenn eine Gesundheitsgefährdung durch lange Unterrichtstage ohne Pause zu befürchten wäre. Die Schüler können daher einer Verkürzung der Pausenzeit durch Lehrer weder das Klingelzeichen noch die Vorschriften zu den Pausenregelungen entgegenhalten.

Eine Lehrerin wollte den Schülern nach Unterrichtsende noch Hausaufgaben aufgeben. Die Klassensprecherin berief sich auf den Pausenanspruch der Schüler und das Ende des Unterrichts. Die Entgegnung der Lehrerin kennen Schüler schon seit Generationen: »Den Unterricht schließe ich, nicht die Klingel.«

Die Klingel ist tatsächlich nur ein organisatorisches Hilfsmittel, um an den planmäßigen Unterrichtsschluss zu erinnern. Von der geplanten Pausenzeit kann der Lehrer abweichen, wenn er dafür nachvollziehbare Gründe hat, da die geplanten Abläufe hinter den

Bildungsauftrag zurücktreten müssen. Andernfalls dürfte ein Lehrer in eine Klassenarbeit keine Pausenzeiten integrieren oder Schülern eine Verlängerung der Schreibzeit gewähren, wenn die Verlängerung sich in die Pause erstreckt.

KLÄRENDE GESPRÄCHE WÄHREND DER PAUSE

Eine Klasse war während des Unterrichts sehr unruhig und es hatte zahlreiche Unterrichtsstörungen gegeben. Die Lehrerin behielt die gesamte Klasse nach dem Unterrichtsende im Raum, um über das unangemessene Verhalten während des Unterrichts zu sprechen.

Es ist nicht anzunehmen, dass sich alle Schüler ausnahmslos an den Unterrichtsstörungen beteiligt haben. Während der Ermahnungen darf die Lehrerin dennoch alle Schüler verpflichten, trotz der Pause im Klassenraum zu bleiben und zuzuhören, da ihre Ausführungen alle Schüler angehen: die einen, weil sie gestört haben, und die anderen, damit sie nicht in Versuchung geführt werden oder um zu sehen und zu hören, wie die Lehrerin auf ein Fehlverhalten reagiert, durch das der Anspruch der Schüler auf Unterricht rechtswidrig eingeschränkt wurde.

Eine Schülerin hatte mehrfach Gespräche mit ihrer Klassenlehrerin abgebrochen und den Raum verlassen. Zur Rede gestellt, erklärte sie, sie entscheide selbst, mit wem sie spreche. Die Schülerin wurde in der Folge von der Teilnahme an der bevorstehenden Klassenfahrt ausgeschlossen.

Fordert ein Lehrer einen Schüler auf, in der Pause mit ihm zu sprechen, darf der Schüler dem nicht entgegenhalten, es handle sich um seine Pause, sprich seine Freizeit, und verlangen, das Gespräch nur in Anwesenheit seiner Eltern zu führen. Schüler dürfen Gespräche mit Lehrern nicht eigenmächtig abbrechen und sich nach Belieben entfernen. Das gilt auch für Gespräche mit Schulbezug, die nach Unterrichtsschluss stattfinden.

Die Reaktion der Schule auf ein solches Verhalten seitens eines Schülers hängt vor allem vom Ausmaß des Angriffs auf die Autorität des Lehrers, der Selbst- und Fremdgefährdung durch den Schüler und bei einer Klassenfahrt von den wahrscheinlichen Auswirkungen auf die Fahrt ab.

PAUSENGESPRÄCHE MIT MITSCHÜLERN

Schüler können untereinander in der Pause in allen Sprachen Babels reden. Eine Rechtspflicht, sich nur der deutschen Sprache zu bedienen, besteht nicht, da sie als weitreichender Eingriff in die freie Entfaltung der Persönlichkeit einer gesetzlichen Grundlage bedürfte. Ein Konferenzbeschluss kann kein Gesetz ersetzen und hat daher nur empfehlenden Charakter. Lediglich der nach Einschätzung der Lehrer aus Gestik, Mimik und der Reaktion der Betroffenen sowie deren glaubwürdiger Aussage ableitbare gezielte Einsatz einer Fremdsprache zur Verunsicherung, Ausgrenzung, Bedrohung oder Beleidigung anderer Schüler oder der Lehrer ist verboten und kann mit erzieherischen Einwirkungen oder Ordnungsmaßnahmen geahndet werden.

SMARTPHONES IN DER PAUSE

Die Nutzung von Smartphones ist im Unterricht offensichtlich untersagt, in den kurzen Pausen zwischen den Unterrichtsstunden kann sie in einer Schulordnung untersagt werden, da die Schüler sich in dieser Zeit auf die nächste Unterrichtsstunde vorbereiten sollen und eine Nutzung häufig nicht rechtzeitig zu Beginn der nächsten Unterrichtsstunde beendet haben werden.

In Freistunden und auf dem Schulgelände morgens vor Unterrichtsbeginn und nach dem Unterrichtsschluss wäre ein Verbot der Nutzung nicht mehr allein mit einer Störung der schulischen Ordnung zu rechtfertigen und ohne eine eindeutige gesetzliche Grundlage, wie es sie in Bayern gibt (Artikel 56 Absatz 5 BayEUG), rechtswidrig.

Die Rechtmäßigkeit eines Handyverbots in den längeren Pausen (circa 20 Minuten) ist umstritten. Die Begründungen für ein Verbot, die Schüler sollten miteinander unmittelbar kommunizieren, oder es bestehe die Gefahr des Missbrauchs, überzeugen nicht, da Schüler in den Pausen selbst entscheiden dürfen, ob, wie und mit wem sie kommunizieren und es sich beim Smartphone um ein Kommunikationsmittel handelt, bei dem die Gefahr des Missbrauchs durch wenige Schüler nicht ein generelles Verbot für alle rechtfertigt.

VIDEOAUFNAHMEN VON MITSCHÜLERN

Zum Missbrauch gehören zum Beispiel Videoaufnahmen in den Pausen, durch die Schüler bloßgestellt und lächerlich gemacht werden sollen. Heimliche Aufnahmen von Mitschülern auf der Toilette, die dann unter Schülern verbreitet werden, sind sogar strafbar.

Halten Schüler die Würde ihrer Mitschüler für bedeutungslos, stellen sie sich gegen grundlegende Erziehungsziele der Schule und müssen mit ernsthaften erzieherischen Konsequenzen wie einem längeren Unterrichtsausschluss und einer Androhung der Entlassung von der Schule rechnen (VG Stade, Az.: 4 B 55/12). Das gilt auch für Schüler, die filmen, wie ein Schüler von anderen in einer Pause geschlagen und gestoßen wird (Happy Slapping), und das Video in der Schülerschaft und dem Internet verbreiten (VG Freiburg, Az.: 2 K 229/10).

PORNOGRAFISCHE ODER GEWALTVERHERRLICHENDE INHALTE

Bei der Verbreitung von pornografischen oder gewaltverherrlichenden Darstellungen oder der psychischen und emotionalen Beeinträchtigung von Mitschülern durch das Zeigen von Bildern mit Unfallopfern oder Kriegsverletzten wird – auch wenn das Verhalten im Einzelfall nicht strafbar sein sollte – gegen Erziehungsziele gehandelt und das Recht der Mitschüler auf emotionale und psychische Unversehrtheit missachtet. Es ist schon bemerkenswert genug, dass derartige Verhaltensweisen sogar schon in der Grundschule vorkommen können. Erschreckend ist aber auch das Verhalten einiger Eltern.

Die Eltern einer neunjährigen Schülerin, die innerhalb einer Woche 14 Mitschülern ein zehnminütiges, jugendgefährdendes pornografisches Video gezeigt hatte, erklärten der Schule gegenüber, das Video sei durch einen Computervirus oder aber durch einen Download der Mutter auf das Smartphone ihrer Tochter gelangt.

Die fehlende Schuldfähigkeit im strafrechtlichen Sinne konnte die Schülerin in diesem Fall nicht vor einem Unterrichtsausschluss und dem Ausschluss von einer Klassenfahrt schützen, da bei Ordnungsmaßnahmen keine strafrechtlichen Regeln gelten (OVG NRW, Az.: 19 B 679/14).

Die Eltern einer 14-jährigen Schülerin klagten gegen deren fünftägigen Unterrichtsausschluss, nachdem ihre Tochter – ebenso wie sieben weitere Schüler – tierpornografische Darstellungen und die Enthauptung einer Frau als Video an Mitschüler geschickt hatte.

Angesichts des Fehlverhaltens und des Alters der Schülerin ist die Ordnungsmaßnahme sicherlich als mild zu bezeichnen und stieß beim Verwaltungsgericht (VG Karlsruhe, Az.: 1 K 740/06) auch auf keinerlei Bedenken. Die Bereitschaft von Eltern, gegen Ordnungsmaßnahmen zu klagen, hängt häufig nicht so sehr vom Gewicht der Ordnungsmaßnahme ab, sondern vielmehr vom Erziehungsverständnis der Eltern.

NACHSITZEN WÄHREND DER PAUSE

Müssen Schüler während einer Pausenzeit nachsitzen, könnten rechtlich gut informierte Schüler versucht sein, auf die Vorgaben für Pausenzeiten in den Verwaltungsvorschriften zu verweisen. Die Gesamtdauer und die Mindestanzahl der Pausen sind in Erlassen der Länder geregelt. Doch schon der Wortlaut der meisten dieser Vorschriften widerspricht einem ausnahmslosen Anspruch auf bestimmte Pausen, da die Pausen »in der Regel gewährt werden sollen«. Selbst eine Regelung, die keine Ausnahmen zuließe, würde einen Anspruch der Schüler nicht begründen, da der Zweck der Regelung eine Vorgabe für die Planung der Schule und nicht die Begründung eines individuellen Anspruchs der Schüler ist.

AUSSCHLUSS VON DER PAUSE

Nach dem Ende seines Unterrichts ging ein Schüler nicht unmittelbar nach Hause, sondern auf den Schulhof und blieb dort bis zum Ende der Pause, um mit anderen Schülern zu reden und zu spielen. Am Ende der Pause ging er nach Hause. In den vergangenen Wochen hatte er sich in dieser Zeit jedoch wiederholt mit anderen Schülern gestritten. Daher wurde ihm vonseiten der Schule verboten, sich nach Unterrichtsschluss weiter auf dem Schulgelände aufzuhalten.

Wird einem Schüler, dessen Unterricht beendet ist, verboten, während der Pause noch auf dem Schulgelände zu bleiben, da es in dieser Zeit wiederholt zu Konflikten mit anderen Schülern gekommen ist, liegt keine unmittelbare Beeinträchtigung des Rechts dieses Schülers vor, da kein Schüler nach dem eigenen Unterrichtsende ein Recht auf Teilnahme am allgemeinen Schulbetrieb hat (VG Trier, 5 K 24/09).

Auch die Aufforderung an einzelne Schüler, sich in der Pause in einen Reflexionsraum oder einen anderen, bei Fehlverhalten aufzusuchenden Raum zu begeben, schränkt die Pausenzeit der Schüler auf rechtlich zulässige Weise ein. Der Ausschluss von Pausen ist eine erzieherische Einwirkung, gegen die Eltern und Schüler mit einer Beschwerde, aber nicht mit einem Widerspruch vorgehen können.

AUFENTHALT AUF DEM SCHULHOF

Schüler können nicht nur von einer Schulhofpause ausgeschlossen, sondern auch in der Pause von den Lehrern auf den Schulhof geschickt werden. Halten die Schüler den Pausenaufenthalt auf dem Schulhof wegen Kälte, Wind, Hitze oder Nässe für unzumutbar, kommt es nicht auf das individuelle Empfinden einzelner Schüler an. Rechtswidrig wäre eine solche Anordnung allenfalls bei einer offensichtlichen Gefahr für alle Schüler, etwa durch einen in großen Teilen vereisten Schulhof.

KOMMUNIKATION ZWISCHEN LEHRERN UND SCHÜLERN

LAUTSTÄRKE DER LEHRERANSAGE

Lärm im Klassenraum beeinträchtigt den Unterrichtsanspruch der Schüler. Ein Lehrer, der versucht, noch lauter zu sein als die Schüler, handelt möglicherweise pädagogisch nicht geschickt, fügt den Schülern aber weder physisch noch psychisch Schaden zu.

Schreien Lehrer einzelne Schüler an, kann das als Reaktion auf ein Fehlverhalten oder zur Verhinderung eines gefährlichen Verhaltens je nach den Umständen ebenfalls nicht die pädagogisch beste Reaktion sein, ohne jedoch als entwürdigende Maßnahme eingestuft werden zu können. Entwürdigend kann allenfalls der Inhalt der Äußerung sein oder ein Anschreien ohne jeden nachvollziehbaren Grund.

Einige Bundesländer (z. B. Baden-Württemberg, Bayern, Rhein-land-Pfalz, Schleswig-Holstein) haben die Nutzung sozialer Netzwerke für die Übermittlung von Hausaufgaben, Klassenarbeiten oder Unterrichtsausfällen sowie anderer schulischer Mitteilungen von Lehrern an Schüler ausdrücklich untersagt. In den anderen Bundesländern gilt, dass Lehrer die Regelungen zum Datenschutz beachten müssen, da personenbezogene Daten nicht öffentlich im Netz verfügbar sein dürfen und die Schulleitung Lehrern die Nutzung sozialer Netzwerke für schulische Mitteilungen untersagen darf. Lehrer können sich gegen eine derartige Weisung nicht unter Berufung auf ihre pädagogische Freiheit zur Wehr setzen, da es sich nicht um einen Eingriff in ihre Unterrichts- und Erziehungsarbeit handelt, sondern um die Festlegung von Kommunikationsmitteln für Mitteilungen der Schule nach außen.

Gegen die Nutzung sozialer Medien sprechen unter anderem:

- der Druck, der damit auf Eltern und Schüler zur Nutzung bestimmter Medien ausgeübt wird,
- der nicht gesicherte Datenschutz,
- der privatwirtschaftliche Charakter der Betreiber und deren Nutzungsbedingungen,
- ihr in der Öffentlichkeit umstrittener Ruf und
- die leichten Zugriffsmöglichkeiten Dritter.

Im Normalfall stehen schulische Plattformen als Alternative zur Verfügung.

Private Kontakte zu Schülern und Eltern über soziale Medien sind nicht verboten und können auch nicht verboten werden. Lehrer können sich dadurch aber dem Verdacht unangemessenen außerdienstlichen Verhaltens, eines Verstoßes gegen den Datenschutz, der Preisgabe dienstlicher Informationen oder der Befangenheit aussetzen. Sie müssen in jedem Fall eine professionelle Distanz wahren.

KÖRPERKONTAKT VON LEHRERN MIT SCHÜLERN

Ein generelles Verbot, Schüler anzufassen, kann es in der Schule nicht geben, da die Aufsichtspflicht oder der Erziehungsauftrag körperlichen Kontakt sogar erfordern oder rechtfertigen können, etwa wenn ein Lehrer einen Schüler festhält, der gestolpert ist und zu fallen droht, oder ein Schüler einen Mitschüler angreifen will. Erforderlich ist selbstverständlich auch die Hilfestellung im Sportunterricht, und ein motivierendes Schulterklopfen – nicht nur im Sportunterricht – ist ebenfalls erlaubt. Verboten sind indes Berührungen, die offensichtlich unter einem Vorwand erfolgen, keinen pädagogischen Zweck erfüllen oder sexuelle Bezüge aufweisen.

Eine Lehrerin, die einen weinenden Grundschüler in den Arm nimmt, um ihn zu trösten, verhält sich demnach ebenso korrekt wie eine Grundschullehrerin, die in der Umkleidekabine einem ungeschickten Erstklässler beim Umziehen hilft. Das Betreten einer Schülerumkleide, insbesondere an weiterführenden Schulen, lässt sich aber nicht mit Routinekontrollen oder zurückliegenden Vorfällen rechtfertigen, sondern nur mit einer Ausnahmesituation: So darf zum Beispiel ein(e) Sportlehrer(in) die Umkleidekabine betreten, wenn ihr/ihm von gesundheitlichen Problemen berichtet wird, bei denen sie/er womöglich erste Hilfe leisten muss.

Lehrer dürfen störende Schüler, die sich weigern, den Klassenraum zu verlassen, aus dem Raum führen. Die Aufforderung an den Schüler, den Klassenraum unverzüglich zu verlassen, dient letztlich der Wiederherstellung der Ordnung und einer ungestörten Unterrichtung der Lernwilligen in der Klasse. Deren nachdrückliche Durchsetzung seitens des Lehrers durch einfachen körperlichen Zwang stellt ein sozial adäquates Handeln dar. Hinzu kommen die Kürze und Geringfügigkeit der Einwirkung.

Geringe Blutergüsse oder Ähnliches sind eine unerhebliche Beeinträchtigung unterhalb der Bagatellgrenze zur Körperverletzung, und die Anwendung einfachen körperlichen Zwangs ohne Züchtigungsabsicht zur Durchsetzung erzieherischer Maßnahmen ist gerechtfertigt (LG Berlin, Az.: 518 Qs 60/09). Eine Züchtigung läge nur bei einer mit einer Demütigung und Schmerzzufügung verbundenen Bestrafung vor.

Betrachtete man jeden körperlichen Zwang als verbotene Züchtigung, führte das zur Handlungsunfähigkeit und zu einem Autoritätsverlust der Lehrer und in der Folge zur Schutzlosigkeit der Mitschüler. Auch Paragraph 1631 Absatz 2 BGB, der entwürdigende Maßnahmen bei der Erziehung verbietet, erfasst nicht jede Form der körperlichen Einwirkung. Die nicht strafende, zum Beispiel der Gefahrenabwehr dienende Einwirkung ist nicht verboten.

SELBSTGEFÄHRDENDES SCHÜLERVERHALTEN

Schüler dürfen sich und andere nicht gefährden. Das Kippeln mit dem Stuhl und andere mehr oder minder akrobatische Verrenkungen während des Unterrichts müssen Lehrer in jedem Fall verbieten. Auch wenn sie nicht als Unterrichtsstörung betrachtet werden, gehört es zur Aufsichtspflicht, dieses selbstgefährdende Schülerverhalten zu untersagen. Bei der Begründung der Notwendigkeit dieses Verbots werden sicher gerne die Eltern von Schülern helfen, die bei ähnlichen Manövern das Gleichgewicht verloren haben und mit dem Kopf vor einen Tisch oder die Wand geschlagen sind.

Auch Schüler, die den Klassenraum unerlaubt verlassen sowie sich und andere aufgrund ihres Alters oder ihres Gemütszustands gefährden, müssen in Erfüllung der Aufsichtspflicht notfalls festgehalten werden, wenn das dem Lehrer möglich und zumutbar ist. Die Möglichkeit hängt von der körperlichen Konstitution und Fitness des Lehrers ab, die Zumutbarkeit von der körperlichen Konstitution und Aggressivität des Schülers.

Lehrer sind jedoch nicht verpflichtet, zur Erfüllung der Aufsichtspflicht körperliche Schädigungen durch Schüler in Kauf zu nehmen.
Klagt ein festgehaltener Schüler laut über Schmerzen, sollte der Lehrer ihn loslassen, es sei denn, es ist ein ausgeprägtes schauspielerisches
Talent erkennbar. Wehrt ein Schüler sich, sollte der Lehrer sich nicht
in einen Ringkampf verwickeln lassen.

Gegen einen Schüler, der tritt und schlägt, darf ein Lehrer sich
verteidigen, indem er ihn so festhält, dass er den Angriff abwehren
kann. Die Abwehr des Angriffs durch den Lehrer muss jedoch verhältnismäßig sein. Ein Bluterguss deutet nicht auf eine unverhältnismäßige Notwehr hin, ein gebrochener Arm wirft dagegen berechtigte
Fragen auf. Sollte ein Lehrer einen ihn angreifenden Schüler wegge-
stoßen haben, sodass dieser gestürzt und so unglücklich gefallen ist,
dass er sich den Arm gebrochen hat, ist die Notwehr nicht unverhältnismäßig.

Die Regeln der Notwehr gelten auch bei der Nothilfe, wenn ein
Lehrer sich dem Angriff eines Schülers auf einen Mitschüler in den
Weg stellt: Ein Lehrer ist nur verpflichtet, einem angegriffenen Schüler zu helfen oder bei einer Schlägerei einzugreifen, wenn er körperlich stark genug ist, und ihm ein Eingreifen zumutbar ist. Letztlich
trifft jeder Lehrer diese Entscheidung für sich selbst.

ZUSAMMENFASSUNG: WAS LEHRER DÜRFEN

- Schülern Toilettengänge während des Unterrichts verweigern
- Schülern im Unterricht verbieten, zu essen, zu trinken oder Kaugummi zu kauen
- provozierende, gegen grundlegende Erziehungsziele verstoßende oder der Bandenbildung dienende Kleidung und Zeichen verbieten
- Schülern im Unterricht verbieten, Kappen, Mützen, Kapuzen, Mäntel und Jacken zu tragen
- Schülern untersagen, unangemessene Kleidung zu tragen
- Ganzkörperschleier verbieten
- bestimmen, ob Schüler eine vorgesehene Pause in Anspruch nehmen dürfen
- Nachsitzen während einer Pause oder Freistunde anordnen
- Schülern den Abbruch eines Gesprächs verbieten
- jederzeit von Schülern Auskünfte fordern
- Schülern untersagen, in einer Fremdsprache zu sprechen, um andere zu verunsichern, auszugrenzen, zu bedrohen oder zu beleidigen
- die Nutzung von Smartphones im Unterricht und den kurzen Pausen untersagen
- den Missbrauch von Smartphones verhindern
- Schüler von der Teilnahme an einer Pause nach deren Unterrichtsende ausschließen
- entscheiden, ob Schülern der Aufenthalt auf dem Schulhof während einer Pause zumutbar ist
- Schüler in bestimmten Situationen anfassen, wenn dies zur Erfüllung der Aufsichtspflicht, aus erzieherischen Gründen oder aus anderen pädagogischen Gründen gerechtfertigt ist
- Schülern im Unterricht untersagen, mit dem Stuhl zu kippeln oder anderes selbstgefährdendes Verhalten zu zeigen
- einen Angriff auf sich selbst oder einen Schüler durch Notwehr oder Nothilfe abwehren

3 FOLGEN VON FEHLVER-HALTEN IM UNTERRICHT

AUSWIRKUNGEN VON REGELVERSTÖßEN

Unterrichtsausfall wegen Lehrermangels wird in der Öffentlichkeit häufig und nachdrücklich kritisiert. Würde der Unterrichtsausfall wegen Unterrichtsstörungen durch Schüler erhoben, kämen erschreckende Ausfallzeiten zusammen, die dem Unterrichtsausfall wegen Lehrermangels Konkurrenz machen könnten und eine Diskussion erforderten, ob die vorhandenen rechtlichen Möglichkeiten, Störungen schnell und effektiv zu beenden, ausreichen.

Lehrer müssen den Ursachen für ein Fehlverhalten vor einer erzieherischen Reaktion nachgehen und sie bei der Wahl einer erfolgversprechenden Maßnahme berücksichtigen. Die Ziele sind eine ungestörte Unterrichts- und Erziehungsarbeit der Schule sowie der Schutz von Personen und Sachen. Über den rechtlich gebotenen Schutz des gegen Regeln verstoßenden Schülers vor einer unangemessen harten Reaktion der Schule dürfen aber die Rechte der durch das Fehlverhalten beeinträchtigten Schüler nicht vernachlässigt werden. Nicht der Täter ist so gut wie möglich vor den Konsequenzen seines Tuns, sondern die Betroffenen sind so gut wie möglich vor den Konsequenzen, vor allem aber vor einer Wiederholung der Tat zu schützen. Bei der notwendigen Prüfung der Verhältnismäßigkeit der schulischen Maßnahme ist es von großer Bedeutung, ob die Schule, die Schulaufsicht und die Gerichte von diesem Prinzip ausgehen.

NACHSITZEN

Verlangen Lehrer von unaufmerksamen oder störenden Schülern die Nacharbeit der versäumten Unterrichtsinhalte in der Schule, müssen die Schüler »nachsitzen«. Ist diese Nacharbeit unter Aufsicht nicht auf einen kurzen Zeitraum nach dem Unterrichtsende beschränkt, sondern dauert etwa eine Unterrichtsstunde, oder soll sie am Nachmittag außerhalb des Unterrichts erfolgen, müssen die Eltern vorher benachrichtigt werden.

Nachsitzen ist als Erziehungsmittel auch wegen nicht angefertigter Hausaufgaben zulässig, da die Pflicht zum Anfertigen von Hausaufgaben unabhängig von einer Benotung besteht.

Als Nachsitzen wird häufig auch die Verpflichtung von Schülern bezeichnet, ihr Fehlverhalten in der Schule schriftlich zu reflektieren. Dabei handelt es sich ebenso wie bei der Nacharbeit versäumter Unterrichtsinhalte um eine erzieherische Einwirkung (z. B. § 53 Abs. 2 SchulG NRW: »die Beauftragung mit Aufgaben, die geeignet sind, das Fehlverhalten zu verdeutlichen«). Lediglich in Baden-Württemberg ist das Nachsitzen eine Ordnungsmaßnahme (§ 90 Abs. 3 SchulG Baden-Württemberg).

Erziehung zielt auf Einsicht, daher darf das Nachsitzen nicht im bloßen Absitzen einer vorgegebenen Zeit oder sinnlosem Abschreiben (z. B. einhundertmal »Ich darf andere nicht schlagen.«) bestehen. Dagegen kann das einmalige Abschreiben von Teilen einer Haus- oder Schulordnung dem Ziel der Vergegenwärtigung der Regeln und der Einsicht in ihren Sinn dienen, wenn die abgeschriebenen Regeln anschließend schriftlich oder mündlich reflektiert werden.

HERSTELLUNG DER SCHULISCHEN ORDNUNG

Ein Schüler, dessen Gerechtigkeitssinn ihn veranlasst hatte, während des Unterrichts zum Mobiltelefon zu greifen, um seine Mutter aufzufordern, ihn gegen einen als unberechtigt empfundenen Vorwurf seiner Lehrerin in Schutz zu nehmen, und der sich in dem Gespräch herabsetzend über seine Lehrerin geäußert hatte, musste für vier Stunden nachsitzen und ihm wurde ein Unterrichtsausschluss angedroht.

Die Art der Ordnungsmaßnahme hängt vom Ausmaß der Beeinträchtigung des Unterrichts und der schulischen Ordnung ab. Zur schulischen Ordnung gehört als besonders wichtiges Element die Autorität der Lehrer, da ohne Achtung vor der Autorität der Lehrer die Erfüllung des Unterrichts- und Erziehungsauftrags sowie der Aufsichtspflicht erheblich gefährdet wird. Das angerufene Verwaltungsgericht bestätigte die Maßnahmen als verhältnismäßige Reaktion auf die Unterrichtsstörung und die Missachtung der Autorität der Lehrerin und erklärte, das Nachsitzen sei eine durch den gesetzlichen Bildungsauftrag der Schule gerechtfertigte, zulässige Erziehungsmaßnahme, wenn es der Ahndung eines Fehlverhaltens diene (VGH Baden-Württemberg, Az.: 9 S 1538/14).

VORWURF DER FREIHEITSBERAUBUNG

Ein Schüler rief etwa zehn Minuten nach Unterrichtsende die Polizei, da sich sein Musiklehrer nach dem Ende der Unterrichtsstunde in die geöffnete Tür gesetzt habe. Die Schüler hatten im Unterricht eine Aufgabe nicht erfüllt und durften daher den Klassenraum erst verlassen, wenn sie die Aufgabe nachgeholt und beim Lehrer abgegeben hatten.
Der Lehrer wurde wegen Freiheitsberaubung gemäß Paragraph 239 Strafgesetzbuch angeklagt.

Die Freiheitsberaubung heißt so, weil sie in besonderem Maße als verwerflich angesehen wird. Doch nicht jede Einschränkung der körperlichen Bewegungsfreiheit ist automatisch eine Freiheitsberaubung. Für alle strafbaren Delikte gilt, dass sie in hohem Maße sozialschädlich sein müssen, da andernfalls kein Strafanspruch des Staates bestünde.

Das Handeln des Lehrers im beschriebenen Fall zielte vorrangig auf die Durchsetzung seiner Anordnung, einen Text zu verfassen und abzugeben, und nicht auf eine Einschränkung der körperlichen Bewegungsfreiheit der Schüler ab. Es handelte sich demnach um eine rechtmäßige erzieherische Einwirkung. Das Landgericht (LG Düsseldorf, Az.: 5 Ns 63/16) konnte im Gegensatz zum Amtsgericht, das den Lehrer in Verkennung der Sach- und Rechtslage verwarnt hatte, bei der Beweisaufnahme nicht feststellen, dass es den Schülern unmöglich gewesen wäre, den Unterrichtsraum zu verlassen.

Das Handeln des Lehrers beruht auf der schulgesetzlichen Verpflichtung der Schüler, Anordnungen der Lehrer zu befolgen, aktiv im Unterricht mitzuwirken und aufgegebene Arbeiten anzufertigen, sowie auf dem Recht des Lehrers, erzieherische Einwirkungen auch außerhalb des Unterrichts ergreifen zu können. Der Lehrer hätte den Schülern das Verlassen des Klassenraums auch verbieten können, ohne sich in den Bereich der Tür zu setzen. Das wäre selbst dann keine Freiheitsberaubung, wenn die Schüler aus Angst vor einer Ordnungsmaßnahme diese Anordnung befolgt hätten, da mit einer Wertung als Freiheitsberaubung nach Auffassung des Landgerichts der Bereich des strafbaren Handelns in der Schule viel zu weit gefasst würde. Das Ziel seines Handelns war nicht verwerflich, da der vom Lehrer verfolgte Zweck – die ordnungsgemäße Erfüllung der den Schülern erteilten Aufgaben – Gegenstand des Bildungs- und Erziehungsauftrags der Lehrer ist.

Da der Lehrer im Eingangsbereich des Raumes blieb, hat er auch nicht seine Aufsichtspflicht verletzt, wie das hätte der Fall sein können, wenn er eine Schülergruppe in einer Konfliktsituation in einem

Raum eingeschlossen und sich für kurze Zeit entfernt hätte (ArbG Düsseldorf, Az.: 12 Ca 927/10).

KOLLEKTIVMAßNAHMEN

Werden Klassenräume nicht von einzelnen Schülern, sondern von der Klasse außergewöhnlich verschmutzt, ist es nicht Aufgabe des Reinigungspersonals, sondern Aufgabe der Schüler, den Raum zu säubern.

Der Klassenraum sah aus wie nach einer wilden Geburtstagsfeier: Auf dem Boden lagen Chipstüten samt verstreutem Inhalt, leere Plastikflaschen rollten umher. Die Schüler tobten im Raum herum. Die Lehrerin forderte die Schüler auf, den Raum aufzuräumen und zu reinigen.
Zwei Schüler fragten: »Wofür werden denn die Putzfrauen bezahlt?« Sie weigerten sich trotz wiederholter Aufforderung durch die Lehrerin, den Abfall wegzuräumen. Die Schulleiterin schloss die beiden Schüler, die sich geweigert hatten, den Raum zu säubern, für zwei Tage vom Unterricht aus.

Erzieherische Einwirkungen und Ordnungsmaßnahmen dürfen nicht als Kollektivmaßnahmen verhängt werden. Eine Gruppe darf also nicht für das Fehlverhalten Einzelner verantwortlich gemacht werden. Durch eine Kollektivmaßnahme wird eine Gruppe bestraft, damit die zu Unrecht bestraften Schüler Druck auf die Täter ausüben.

Hat sich die gesamte Schülergruppe falsch verhalten, ohne dass sich Art und Ausmaß der Beteiligung Einzelner genau feststellen ließen, handelt es sich allerdings nicht um eine Kollektivmaßnahme. Die Anweisung der Lehrerin im beschriebenen Fall ist daher rechtmäßig. Sollten einzelne Schüler behaupten, entgegen dem Eindruck der Lehrerin in keiner Weise beteiligt gewesen zu sein, müssten sie

Tatsachen nennen, die diese Behauptung stützen und den Eindruck der Lehrerin widerlegen. Die Schule beurteilt die Glaubwürdigkeit solcher Behauptungen.

Der Unterrichtsausschluss der beiden Schüler, die sich geweigert haben, an der Reinigung des Klassenraumes teilzunehmen, ist zudem verhältnismäßig. Die Schüler haben sich als uneinsichtig im Hinblick auf ihr Fehlverhalten erwiesen, haben den Mitschülern eine Weigerung durch ihr »Vorbild« nahegelegt und die Weisung der Lehrerin nicht befolgt. Die Schulgesetze verpflichten Schüler, die Anordnungen von Lehrern zu befolgen (siehe zum Beispiel Paragraph 42 Absatz 3 Satz 3 Schulgesetz Nordrhein-Westfalen).

Halten Schüler eine Lehreranordnung für rechtswidrig, können sie sich beschweren. Die Beschwerde hat jedoch keine aufschiebende Wirkung. Selbst wenn die beiden Schüler für ihre Weigerung, sich an der Reinigung des Klassenraums zu beteiligen, Gründe genannt hätten, wären sie verpflichtet gewesen, zu tun, was die Lehrerin ihnen gesagt hatte. Könnten Schüler sich weigern, Anordnungen von Lehrern zu befolgen, wenn sie Gründe für die Weigerung nennen können, würden der Unterricht und die Erziehung erheblich beeinträchtigt. Hingegen sichert die Möglichkeit einer nachträglichen Beschwerde, die zur Überprüfung der Rechtmäßigkeit der Anordnung führt, die Wirksamkeit des Lehrerhandelns und verhindert die Wiederholung rechtswidriger Maßnahmen.

Die wiederholte grundlose Weigerung, die Anordnung eines Lehrers zu befolgen, hat bei der Entscheidung für eine Ordnungsmaßnahme ein eigenes Gewicht neben der Nichtbeseitigung der Verschmutzung. Eine Schule darf es im Interesse ihrer Handlungsfähigkeit nicht hinnehmen, dass Schüler Anordnungen von Lehrern nicht befolgen.

KONFISZIERUNG DES SMARTPHONES

Heutzutage sind Smartphones aus dem Alltag von Kindern und Jugendlichen ebenso wenig wegzudenken wie aus dem der Erwachsenen. Doch inwieweit sie in der Schule etwas verloren haben, ist fraglich, vor allem weil deren Nutzung während des Unterrichts oft genug zu ungewünschten Störungen führt. Die unerlaubte Nutzung der nützlichen Geräte in der Schule führt daher oftmals dazu, dass den Schülern das Smartphone von den Lehrern weggenommen wird.

Die Dauer einer Konfiszierung wird zum einen durch das Prinzip der Verhältnismäßigkeit begrenzt und zum anderen durch den Wortlaut der Gesetze, die nur eine »zeitweise« oder »vorübergehende« Wegnahme von Gegenständen gestatten. Das Tatbestandsmerkmal »zeitweise« ist im Hinblick auf das Ziel erzieherischer Einwirkungen und die Verhältnismäßigkeit zu verstehen. Starre Vorgaben sind schon wegen des Verstoßes gegen das Prinzip der Verhältnismäßigkeit rechtswidrig.

Die Dauer der Wegnahme richtet sich demnach nach der Häufigkeit und Art der Störung:

- Ein Schüler, der zum ersten Mal den Unterricht mit dem Handy stört oder es offenbar nur versehentlich nicht ausgeschaltet hat, wird lediglich ermahnt.
- Bei einer vorsätzlichen erstmaligen Störung wird das Gerät in der Regel weggenommen und am Ende der Unterrichtsstunde oder des Unterrichtstages zurückgegeben.
- Hat ein Schüler bereits häufiger mit dem Smartphone gestört und zeigt sich uneinsichtig, kann das Handy bis zum nächsten Tag einbehalten oder den Eltern mitgeteilt werden, sie mögen es abholen und bei der Gelegenheit gleich ein Gespräch mit dem Klassenlehrer führen.
- Eine Wegnahme über mehrere Tage ist zulässig, wenn die Eltern das Smartphone nicht am Ende des Unterrichtstages, sondern erst

später abholen oder der begründete Verdacht besteht, dass sich auf dem Smartphone für den Nachweis einer Täuschung wichtige, erzieherisch relevante oder sogar strafbare Inhalte befinden, die nur von den Eltern oder der Polizei eingesehen werden dürfen. In diesen Fällen wird die Schule einen Termin mit den Eltern vereinbaren oder das Gerät der Polizei übergeben (siehe dazu auch Kapitel 5).

Einem Schüler, der während des Unterrichts sein Smartphone benutzt hatte, wurde das Gerät an einem Freitag weggenommen. Die Schule weigerte sich, es dem Schüler am Ende des Unterrichtstages zurückzugeben und erklärte, es nur den Eltern zurückgeben zu wollen. Das Gerät blieb über das Wochenende in der Schule und wurde erst am Montag der Mutter des Schülers ausgehändigt.

Die fehlende Gebrauchsmöglichkeit wirkte sich auf den außerschulischen Privatbereich des Schülers aus, da ihm Kontaktabsprachen erschwert wurden und er über sein Smartphone nicht erreichbar war. Diese Auswirkungen waren aber vorhersehbar zeitlich beschränkt und führten weder zu erheblichen Problemen noch zu einer unzumutbaren Beeinträchtigung. Es liegt weder ein tiefer Eingriff in das Eigentumsrecht des Schülers noch ein schwerwiegender Eingriff in das Erziehungsrecht der Eltern vor, und auch die seiner Mutter entstandenen Kosten und der zeitliche Aufwand sind keine schwerwiegende Grundrechtsverletzung (VG Berlin, Az.: 3 K 797.15).

Wegen der Unterrichtsstörungen mit Smartphones können auch erzieherische Maßnahmen oder Ordnungsmaßnahmen (zum Beispiel schriftlicher Verweis, Unterrichtsausschluss) ergriffen werden. Ordnungsmaßnahmen können vor allem ausgesprochen werden, wenn die Art der Nutzung oder des sonstigen Verhaltens gegen die schulische Ordnung verstößt. Insbesondere uneinsichtige Eltern und volljährige Schüler müssen dann erfahren, dass an die Stelle der vergleichsweise milden Maßnahme der Konfiszierung für wenige Tage durchaus strengere Maßnahmen wie ein schriftlicher Verweis oder ein Unterrichtsausschluss treten können.

AUSSCHLUSS VOM UNTERRICHT

An ihr Recht auf Unterricht erinnern sich einige Schüler besonders gern, wenn sie wegen ständigen Störens aus dem Unterricht verwiesen werden. Denn Schüler, die erkennbar nicht bereit sind, den Unterrichtsanspruch ihrer Mitschüler zu respektieren, müssen nach Aufforderung durch den Lehrer den Unterrichtsraum verlassen. Dem Ausschluss von der laufenden Unterrichtsstunde dürfen Lehrer sogar Nachdruck verleihen, indem sie den betreffenden Schüler eigenhändig aus dem Klassenraum führen.

AUSSCHLUSS WEGEN VERSPÄTUNG

Bei einigen Schülern besteht das Problem nicht im Verlassen, sondern im Betreten des Unterrichtsraums. Schüler, die zu spät kommen, unterbrechen den Unterricht und stören die Konzentration der Mitschüler. Geschieht das häufiger ohne zwingenden Grund, können sie von der Teilnahme an der laufenden Unterrichtsstunde ausgeschlossen werden.

Der Unterricht einer Klasse wurde morgens ständig durch verspätete Schüler gestört. Es handelte sich immer um dieselben zu spät kommenden Schüler. Der Lehrer ließ ein Betreten des Klassenraums daher nur noch bei einmaliger Verspätung zu. Sobald einer der häufig verspäteten Schüler die Tür öffnete, wurde er mit den Worten »Bleib draußen« aufgefordert, vor der Tür zu warten, bis der Lehrer eine Unterrichtsphase auswählte, in der die wartenden Schüler in den Klassenraum kommen durften.

Der Ausschluss von der laufenden Unterrichtsstunde ist eine erzieherische Maßnahme, betrifft aber auch die Aufsichtspflicht. Die erzieherische Maßnahme des Lehrers ist verhältnismäßig, da die Schüler durch ihre Verspätung den Unterricht stören. Schüler, die sich nicht häufig, sondern einmalig verspätet haben, können sofort am Unterricht teilnehmen. Seiner Aufsichtspflicht wird der Lehrer gerecht, da er die ausgeschlossenen Schüler nicht in jedem Fall bis zum Ende der Unterrichtsstunde ausschließt, sondern zu einem für die Schüler nicht vorhersehbaren Zeitpunkt in den Klassenraum holt. Sollten die Schüler auch einmal für eine ganze Unterrichtsstunde ausgeschlossen werden, ist das unproblematisch, da sie auch in diesem Fall im Vorfeld nicht wissen können, dass sie für die gesamte Dauer der Stunde ausgeschlossen werden, und sich daher nicht unbeaufsichtigt fühlen können.

EINSCHÄTZUNG DER GEFAHRENLAGE

Bei der Erfüllung der Aufsichtspflicht ist nicht nur das Gefühl der Schüler, ein Lehrer könne jederzeit ihr Verhalten kontrollieren, wichtig, sondern ebenso das Alter und der Entwicklungsstand der Schüler sowie die Gefahrenlage. Diese Gefahrenlage ist umso größer, je weniger die betreffenden Schüler bereit sind, sich an Regeln zu halten. Gerade bei Schülern, bei denen die Rechtmäßigkeit des Ausschlusses außer Frage steht, ist die Gefahrenlage besonders groß, da damit zu rechnen ist, dass sie die Weisung, auf dem Flur vor dem Klassenraum zu warten oder sich bei der Schulleitung zu melden, missachten werden. Allerdings fällt auch der Schule die Aufsichtsregelung umso leichter, je häufiger Schüler vom laufenden Unterricht ausgeschlossen werden müssen, da sich dann das Warten auf dem Flur bei geschlossener oder geöffneter Tür, bis die Teilnahme am Unterricht wieder gestattet wird, durch den Aufenthalt in beaufsichtigten Bereichen der Schule, zum Beispiel in einem Reflexionsraum, ersetzen lässt.

AUSSCHLUSS NACH ATTACKE

Eine Schülerin einer 6. Klasse versuchte während des Unterrichts zu telefonieren. Trotz der Beruhigungsversuche ihres Klassenlehrers bestand sie laut schreiend darauf, ihre Mutter und die Polizei anzurufen. Sie schrie den Klassenlehrer mehrfach an, wobei sie unter anderem rief, er habe ihr gar nichts zu sagen und sie müsse nicht mit ihm reden. Sie schubste den Lehrer schließlich, als er ihr das Smartphone abnahm, rannte dann aus der Klasse und rief, sie laufe jetzt nach Hause.

Die Schule schloss die Schülerin für fünf Tage vom Unterricht aus, da sie die Autorität ihres Lehrers missachtet, ihn beleidigt und zudem körperlich attackiert hatte (VG Berlin, Az.: 3 L 31.15).

AUSSCHLUSS FÜR DEN RESTLICHEN UNTERRICHTSTAG

Sollen Schüler nicht nur von einer Unterrichtsstunde, sondern für den Rest des Unterrichtstages ausgeschlossen werden, darf diese Entscheidung nicht der Lehrer selbst treffen. Die Schulgesetze begrenzen den Ausschluss durch den Lehrer auf »die laufende Unterrichtsstunde«, da ein Lehrer einen Schüler nicht vom Unterricht der Kollegen ausschließen darf. Der Ausschluss für den Rest des Unterrichtstages, z. B. nach der dritten Unterrichtsstunde, ist eine erzieherische Einwirkung, die nur der Schulleiter ergreifen darf. Ein Ausschluss für einen vollständigen oder mehrere Unterrichtstage oder sogar Wochen ist dagegen eine Ordnungsmaßnahme, bei der die Zuständigkeit in den Schulgesetzen unterschiedlich geregelt ist. Zuständig sind der Schulleiter oder eine Konferenz.

NACHHOLEN VERSÄUMTER INHALTE

Die durch eigenes Fehlverhalten versäumten Unterrichtsinhalte müssen die Schüler im Übrigen selbstständig nacharbeiten. Lehrer sind lediglich verpflichtet, ihnen in der Unterrichtsstunde verteilte Lernmaterialien zur Verfügung zu stellen und das Thema der Stunde zu nennen. Weitere Informationen sind bei den Mitschülern einzuholen.

AUSSCHLUSS TROTZ ADHS ODER FÖRDERBEDARF

Besteht bei einem Schüler, der wiederholt oder schwerwiegend den Unterricht stört, eine Aufmerksamkeitsdefizit-Hyperaktivitätsstörung (ADHS) oder ein Förderbedarf, kann auch dieser Schüler vom Unterricht ausgeschlossen werden. Der Förderbedarf ist lediglich vor dem Ausschluss bei der Art der pädagogischen Maßnahmen und bei der Dauer des Ausschlusses zu berücksichtigen.

Selbst ein Schüler, der sein Verhalten nicht steuern kann oder dessen Einsichtsfähigkeit vermindert ist, kann ausgeschlossen werden, da die Ordnungsmaßnahmen keine Strafen sind. Vielmehr sollen sie die Ordnung in der Schule und die Rechte der am Schulleben Beteiligten sichern, also beispielsweise den Unterrichtsanspruch der Mitschüler oder deren Recht auf körperliche und psychische Unversehrtheit.

AKTIVE BETEILIGUNG AM UNTERRICHT

Schüler dürfen sich im Unterricht nicht darauf beschränken, lediglich nicht zu stören; sie werden durch die Schulgesetze zur aktiven Mitarbeit verpflichtet. Schüler, die annehmen, es sei allein ihre Entscheidung, ob sie sich am Unterricht beteiligen und Aufforderungen des Lehrers nachkommen, irren sich. Die Schulgesetze der Bundesländer verpflichten die Schüler, daran mitzuarbeiten, dass die Aufgabe der Schule erfüllt und das Bildungsziel erreicht werden kann.

Schüler sind insbesondere verpflichtet:

- sich auf den Unterricht vorzubereiten,
- sich aktiv daran zu beteiligen,
- die erforderlichen Arbeiten anzufertigen und
- die Hausaufgaben zu erledigen.

Unterricht ist ein gemeinsamer Lernprozess, der von den Beiträgen aller Schüler lebt. Die Wirkung der gesetzlichen Verpflichtung zur aktiven Unterrichtsteilnahme besteht zunächst nicht in einer unmittelbaren Sanktion – die allerdings über die Leistungsbewertung erfolgt –, sondern in der Begrenzung der Verpflichtung der Lehrer, zur Beteiligung am Unterricht aufzufordern und Leistungen »abzuholen«. Die Verpflichtung zur Unterrichtsbeteiligung führt im Zusammenhang mit dem Erziehungsziel der Selbstständigkeit und Eigenverantwortung und dem zunehmenden Alter der Schüler zu einer immer weitreichenderen Bringschuld der Schüler und einer immer geringeren Holschuld der Lehrer.

Die Schulgesetze fordern die aktive Mitarbeit im Unterricht von allen Schülern nicht nur, weil sie den individuellen Lernerfolg fördert, sondern weil sie allen Schülern nützt. Schüler lernen vieles durch Unterrichtsbeiträge, Fragen und Antworten, aber auch durch die Fehler ihrer Mitschüler. Die höhere Einsicht in die Förderung des eigenen Nutzens durch soziales Verhalten ist aber nicht bei jedem Schüler vorhanden, daher gibt es ein wirkungsvolles Mittel zur Förderung der Unterrichtsbeteiligung: die Leistungsbewertung. Wer glaubt, die im Unterricht geforderten Leistungen zu erbringen, sei »unter seiner Würde«, erhält zu Recht eine Note »unter seiner Würde«.

BESCHWERDE, WIDERSPRUCH UND KLAGE

Erzieherische Einwirkungen gehören zum Alltag an Schulen, während Ordnungsmaßnahmen erfreulicherweise weder täglich noch wöchentlich ausgesprochen werden müssen. Die Ankündigung »Dann verklage ich Sie!« ist für Lehrer jedoch weit weniger bedrohlich, als viele Schüler und auch Lehrer annehmen. Der Normalfall ist die Beschwerde ohne Klagemöglichkeit. Auch Anwälte können jederzeit Beschwerden erheben, aber keineswegs gegen jede schulische Entscheidung klagen.

Auch eine Beschwerde kann zu einem erheblichen Arbeitsaufwand führen. So gerechtfertigt das Verlangen der Schulleitung und der Schulaufsicht nach einer ausführlichen Stellungnahme der Lehrer bei ernsthaften Einwänden der Eltern und Schüler ist, so ärgerlich ist es, wenn die Beschwerde substanzlos oder sogar völlig unbegründet ist. Die ausführliche Stellungnahme wirkt dann wie eine Bestrafung für die verweigerte Erfüllung von Eltern- und Schülerwünschen.

Lehrer sollten zu fundierten Einwänden der Eltern und Schüler ausführlich und detailliert Stellung nehmen und die Rechtmäßigkeit ihrer Entscheidung ernsthaft prüfen, substanzlose oder ohne jede Begründung eingereichte Beschwerden dagegen unter Verweis auf die Unmöglichkeit einer Stellungnahme zu fehlenden Beschwerdegründen zurückweisen.

Wurde eine erzieherische Einwirkung oder Ordnungsmaßnahme ausgesprochen, können Schüler sich an einen Rechtsanwalt wenden, der sie bei einer Beschwerde oder in einem Widerspruchsverfahren vertritt. Der Anwalt kann die Beschwerde oder den Widerspruch formulieren und wird zunächst feststellen, ob es sich bei der Maßnahme der Schule um einen Verwaltungsakt handelt.

Erzieherische Einwirkungen sind in aller Regel keine Verwaltungsakte, daher kann nur eine Beschwerde erhoben werden, die niemals eine aufschiebende Wirkung hat. Eine Klage gegen erzieherische Einwirkungen ist nur selten möglich.

Ein Schüler, der wegen häufiger Unterrichtsstörungen von einer laufenden Unterrichtsstunde ausgeschlossen wurde, kann sich demnach beschweren, aber keinen Widerspruch einlegen und auch nicht beim Verwaltungsgericht klagen. Soll er dagegen für mehrere Tage vom Unterricht ausgeschlossen werden, kann er einen Widerspruch einlegen, der eine aufschiebende Wirkung hat, es sei denn, diese wäre durch das Schulgesetz ausdrücklich ausgeschlossen, und er kann klagen, da ein mehrtägiger Unterrichtsausschluss ein Verwaltungsakt ist.

FORM- UND VERFAHRENSFEHLER

Hilft es nicht, Tatsachen zu bestreiten, entdecken Eltern und Schüler gerne den hohen Wert eines juristisch einwandfreien Verfahrens. Sie erliegen dabei aber allzu schnell denselben Vorurteilen wie ihre Lehrer, indem sie annehmen, eine rechtliche Überprüfung sei weitgehend auf Form und Verfahren fixiert, und jeder Verfahrensfehler führe zur Rechtswidrigkeit der Entscheidung. Form- und Verfahrensfehler sind aber rechtlich nicht problematisch, wenn sie sich inhaltlich nicht auf die Entscheidung ausgewirkt haben können oder geheilt wurden.

So kann nach den Regelungen der Verwaltungsverfahrensgesetze aller Bundesländer eine unterbliebene Anhörung nachgeholt, eine Begründung ergänzt oder eine notwendige Mitwirkung der Schulaufsicht oder einer anderen Behörde nachgeholt werden (siehe beispielsweise Paragraph 45 VwVfG NRW und gleichlautend die Verwaltungsverfahrensgesetze der anderen Länder).

Soll eine Ordnungsmaßnahme ausgesprochen werden, ist die Anhörung der Eltern und Schüler ein unabdingbarer Bestandteil des Verfahrens. Rechtsanwälte dürfen an Konferenzen über Ordnungsmaßnahmen oder Anhörungen vor der Schulleitung hingegen nicht teilnehmen, wenn das Verwaltungsverfahrensgesetz oder das Schulgesetz eines Landes das ausschließt (VG Düsseldorf, Az.: 18

K 4441/09). Die Verwaltungsverfahrensgesetze vieler Bundesländer schließen das Auftreten von Rechtsanwälten stellvertretend für Eltern oder als deren Begleitung in der Schule aus.

DECKMANTEL DATENSCHUTZ

Über erzieherische Einwirkungen und Ordnungsmaßnahmen entscheiden die Lehrer, die Schulleitung oder eine Konferenz. Mitwirkungsgremien der Eltern haben keine Entscheidungsbefugnisse, sie können sich aber mit dem Fehlverhalten bestimmter Schüler in einer Klasse befassen.

Die Elternvertretung der Klasse oder Jahrgangsstufe darf erzieherische Probleme in einer Klasse erörtern. Darunter sind im Normalfall allgemeine erzieherische Probleme wie häufiges Zuspätkommen oder allgemeiner Disziplinmangel im Unterricht zu verstehen. Es kann sich in gravierenden Fällen aber auch um Probleme eines bestimmten Schülers handeln. Dieser kann das Gespräch über seine Übergriffe auf Mitschüler oder sonstige Beeinträchtigungen der Rechte anderer Schüler nicht mit dem Hinweis auf den Datenschutz blockieren, wenn die gesamte Klasse durch sein Fehlverhalten beeinträchtigt wird (VG Freiburg, Az.: 2 K 1812/04).

VERTUSCHUNG VON FEHLVERHALTEN

Der Datenschutz ist auch für volljährige Schüler kein Deckmantel, unter dem ihr eigenes schwerwiegendes Fehlverhalten verschwinden kann.

Ein 18-jähriger Schüler sollte aufgrund seines Fehlverhaltens von der Schule verwiesen werden. Der Jahrgangsstufenleiter wollte gerne mit dessen Eltern über das Problem sprechen, doch der volljährige Schüler verweigerte seine Zustimmung.

In den meisten Bundesländern sind Mitteilungen an die Eltern volljähriger Schüler bei schwerwiegenden Beeinträchtigungen des Schulverhältnisses auch ohne deren Einwilligung rechtmäßig. Der volljährige Schüler muss lediglich über die beabsichtigte Mitteilung an die Eltern informiert werden, um Einwände erheben zu können, über deren Gewicht die Schule entscheidet.

ABSCHRECKENDE WIRKUNG DURCH BEKANNTGABE

Jede Ordnungsmaßnahme zielt auf eine Verhaltensänderung des betroffenen Schülers und den Schutz der Mitschüler ab, soll aber auch Nachahmer abschrecken. Die anderen Schüler sollen erkennen, als wie schwerwiegend die Schule ein Fehlverhalten einstuft und der Versuchung zur Nachahmung widerstehen. Diese von den Gerichten immer wieder bestätigte und betonte Wirkung von Ordnungsmaßnahmen würde unmöglich gemacht, wenn Schüler unter Hinweis auf den Datenschutz jede Bekanntgabe einer Ordnungsmaßnahme in der Schule verhindern könnten. Gegenüber einem von einem anderen Schüler ernsthaft verletzten Schüler oder einer von einem Fehlverhalten beeinträchtigten Klasse, die das Fehlverhalten kennt, darf die Maßnahme nicht nur mitgeteilt werden, sondern eine Bekanntgabe ist Voraussetzung dafür, die vorbeugende Wirkung zu erreichen.

ENTSCHULDIGUNG OHNE EFFEKT

Nicht nur dem Datenschutz werden von Schülern magische Kräfte zur Vertuschung sozialschädlichen Verhaltens zugesprochen, sondern es scheint auch noch eine weitere Zauberformel zu geben, die Schülern die Konsequenzen eigenen Verhaltens erspart: die Entschuldigung. Doch mit einer Entschuldigung kann man weder einen ausgeschlagenen Zahn wieder einsetzen noch jede seelische Wunde heilen. Eine Entschuldigung kann daher angesichts einer schweren Verletzung eines anderen von vornherein unangemessen sein. In jedem Fall hängen ihre Bedeutung und Wirkung von ihrer Ernsthaftigkeit ab.

Beleidigungen und andere Eingriffe in die Persönlichkeitsrechte von Lehrern oder Schülern können durch Entschuldigungen zumindest teilweise wiedergutgemacht werden. Das gilt aber nicht für jede Entschuldigung.

Ein Schüler schrieb auf seiner Facebook-Seite über einen seiner Lehrer: »weil er ein pädophiler Kinderhasser ist! Und weil er einfach nur total behindert ist!« und »ich habe heute während Erdkunde im Unterricht ›Herr … hat 'nen kleinen Schwanz‹ und ›Herr … ist behindert‹ rumgeschrien und er hat nix gemacht!« Kurz vor dem Konferenzbeschluss über eine Ordnungsmaßnahme übergab der Schüler dem Lehrer ein Entschuldigungsschreiben.

Ein Entschuldigungsschreiben an sich ist kein Allheilmittel. Das Schreiben wurde im beschriebenen Fall erst einige Zeit nach Bekanntwerden der Beleidigungen und offensichtlich unter dem Druck der drohenden Ordnungsmaßnahme verfasst. Ob es damit überhaupt noch eine wiedergutmachende oder unrechtsrelativierende Wirkung haben kann, ist äußerst zweifelhaft und wurde in diesem Fall vom Verwaltungsgericht verneint (VG Augsburg, Az.: 3 K 12.969). Öffentlich verbreitete Beleidigungen können zudem nicht allein durch ein an den Beleidigten gerichtetes persönliches Schreiben wiedergutgemacht werden.

ZUSAMMENFASSUNG: WAS LEHRER DÜRFEN

- Schülern beim Nachsitzen das Verlassen des Raums verbieten
- Schüler nach Unterrichtsende aus erzieherischen Gründen im Unterrichtsraum halten
- eine Schülergruppe für ihr Fehlverhalten zur Verantwortung ziehen
- ein konfisziertes Smartphone über das Unterrichtsende hinaus aufbewahren
- den Anspruch auf Unterricht aller durch den Ausschluss einzelner Schüler vom Unterricht sichern
- nach einem Unterrichtsausschluss wegen der Information über versäumte Unterrichtsinhalte auch auf die Mitschüler verweisen
- von Schülern die aktive Beteiligung am Unterricht fordern
- von einer grundsätzlich fehlenden Klagemöglichkeit der Eltern und Schüler bei Beschwerden ausgehen
- Rechtsanwälten das Erscheinen vor Konferenzen oder bei Elterngesprächen verweigern (je nach Landesregelung)
- Verfahrens- und Formfehler auf gesetzlicher Grundlage korrigieren
- in Elterngremien auch das Fehlverhalten einzelner Schüler thematisieren
- Eltern volljähriger Schüler über schwerwiegende Beeinträchtigungen des Schulverhältnisses informieren
- ergriffene Ordnungsmaßnahmen aus erzieherischen Gründen anderen Schülern bekanntgeben
- eine Entschuldigung von Schülern für unehrlich halten oder aus anderen Gründen nicht annehmen

4 LEISTUNGSBEURTEILUNGEN, VERSETZUNGEN UND PRÜFUNGEN

Der Unterricht macht das Wesen der Schule aus, es sei denn, sie versteht sich als (Um-)Erziehungsanstalt. Der Lernerfolg ist das Ziel des Unterrichts und die Leistungsbewertung definiert die Zielmarke und das Ausmaß der Zielerreichung.

Bei der Diskussion über Notwendigkeit und Sinn von Versetzungen und Prüfungen lautet die entscheidende Frage: Welche Alternativen gibt es? Der Zugang zu Berufsausbildungen und Studienfächern kann nicht vom Wunsch der Interessenten abhängen, da das Angebot an Studien- und Ausbildungsplätzen nicht an die Wünsche der Schüler angepasst werden kann.

Werden Abschlussprüfungen an Schulen abgeschafft, werden eben Eingangsprüfungen von Arbeitgebern und Hochschulen eingeführt. Das gilt auch, wenn die Schulen während und am Ende der Schullaufbahn keine Mindeststandards mehr garantieren. Noch ist es nicht so weit, und die grundlegenden Anforderungen an die Rechtmäßigkeit von Prüfungen, etwa zur Prüfungsfähigkeit, allgemeinen Bewertungsmaßstäben oder äußeren Bedingungen, blieben bei Eingangsprüfungen von Arbeitgebern und Hochschulen ohnehin dieselben wie bei den Abschlussprüfungen der Schulen.

Muss man schon mit Selektionsmechanismen – juristisch formuliert »mit einem Berechtigungswesen« – leben, stellt sich nicht die Frage, ob Berechtigungen überhaupt verliehen oder verweigert werden sollen, sondern lediglich durch wen, wann und in welcher Form.

LEISTUNGSBEURTEILUNG

Notengebung ist weder Bestrafung noch Belohnung. Sie misst tatsächlich erbrachte Leistungen an Anforderungen und Kriterien, die Gesetze, Verwaltungsvorschriften und Konferenzbeschlüsse vorgeben.

Spätestens bei der Notengebung hört für Schüler und Lehrer der Spaß auf. Die Schüler leiden, weil sie eine Leistung erbringen müssen, und die Lehrer leiden, weil sie Leistungen bewerten müssen. Eine Schule ohne Noten würde dieses Leiden beenden. Dieser Weg zum Glück ist kurz, fordert aber einen hohen Preis: Rechtsprinzipien wie Gleichbehandlung, allgemeingültige Bewertungsmaßstäbe und objektive Anforderungen würden nicht mehr gelten, und die Prüfung der Rechtmäßigkeit der Notengebung erübrigte sich, wenn es gar keine Noten mehr gäbe und Lernbegleiter lediglich Bericht über den individuellen Lernfortschritt und Lernstand der Lernenden, die – so gut es geht und so sehr sie wollen – lernen, erstatten würden. Wer auch immer sich dann noch für solche Lernberichte und deren Interpretation interessieren sollte: Die Schule könnte weder vergleichbare Abschlüsse vergeben noch Mindeststandards garantieren oder einen staatlichen Bildungsauftrag mit vorgegebenen und für alle Schüler verbindlichen Anforderungen erfüllen.

BERÜCKSICHTIGUNG AUßERSCHULISCHER LEISTUNGEN

Lehrer müssen alle von Schülern tatsächlich erbrachten Leistungen bei der Notengebung berücksichtigen. Das gilt aber nur für von der

Schule geforderte Leistungen. Unter Hinweis auf außergewöhnliche Leistungen im Sportverein, bei Musikwettbewerben oder einer künstlerischen Freizeitbeschäftigung kann niemand die in Sport, Musik oder Kunst erteilte Note infrage stellen.

So könnte etwa ein Schüler, der als Fußballspieler an der Nachwuchsförderung teilnimmt, versucht sein, seine schlechte Sportnote in der Schule angesichts seiner sportlichen Leistungen als rechtswidrig einzustufen. Die im Sportunterricht tatsächlich erbrachten Leistungen bilden allerdings die alleinige Bewertungsgrundlage.

BERÜCKSICHTIGUNG MILDERNDER UMSTÄNDE

Schüler beanspruchen bei der Bewertung ihrer Leistungen gelegentlich die Berücksichtigung »mildernder Umstände« wie etwa familiärer Krisen, schlechter häuslicher Rahmenbedingungen oder persönlicher Probleme. Tun sie das im Hinblick auf eine konkrete Leistung, zum Beispiel eine Klassenarbeit oder ein Referat, fordern sie einen Verstoß gegen den Grundsatz, nur die tatsächlich erbrachte Leistung zu bewerten, und gegen die Verpflichtung der Lehrer zur Gleichbehandlung der Schüler.

Lehrer dürfen die eindeutige Bewertung einer tatsächlichen Leistung nicht wegen sozialer oder persönlicher Umstände des Schülers verfälschen. Persönliche Umstände dürfen aber bei einem nicht ganz eindeutigen Notenbild bei der Bildung der Gesamtnote berücksichtigt werden. Ein Anspruch der Schüler auf Berücksichtigung besteht jedoch nicht.

Eine Schülerin hatte in drei Klassenarbeiten die Noten »befriedigend«, »mangelhaft« und »befriedigend« erhalten. Der Lehrer erteilte die Gesamtnote »befriedigend«, da er die mangelhafte Arbeit wegen eines Todesfalls in der Familie im Zeitraum vor der Arbeit geringer gewichtete.

Die mangelhafte Klassenarbeit im beschriebenen Fall spiegelt also nicht die grundsätzliche Leistungsfähigkeit und Leistungsbereitschaft der Schülerin wider.

Anders sieht das bei dauerhaften Umständen aus. Schüler, die meinen, aufgrund ihrer beengten Wohnverhältnisse grundsätzlich einen Anspruch auf bessere Noten zu haben, fordern eine dauerhafte Bevorzugung gegenüber ihren Mitschülern, ohne nur vorübergehend durch äußere Bedingungen in ihrer Leistungsfähigkeit eingeschränkt zu sein.

ZUSATZLEISTUNG ZUR NOTENVERBESSERUNG

Ein Schüler zeigte sich am Unterricht uninteressiert. Er lag häufig über der Bank oder hing demonstrativ gelangweilt auf seinem Stuhl. Gegen Ende des Schuljahres bot er von sich aus an, ein Referat zu halten, um seine Note zu verbessern.

Der Lehrer darf dieses Angebot ablehnen (OVG Sachsen, Az.: 2 B 844/02). Eine von Schülern angebotene Leistung müssen Lehrer nicht in jedem Fall akzeptieren. Schüler haben kein Wahlrecht, sich entweder aktiv am Unterricht zu beteiligen oder im Unterricht passiv zu sein und diese Passivität durch eine selbst gewählte Zusatzleistung auszugleichen.

Sollte der Lehrer jedoch anderen Schülern die Möglichkeit der Notenverbesserung durch ein Referat eingeräumt haben, müsste er erklären, warum er in diesem Fall das Angebot ablehnt. Denkbar wäre zum Beispiel der Hinweis auf ein insgesamt schlechtes und eindeutiges Notenbild, an dem auch ein gutes Referat nichts ändern würde.

VERLORENE ARBEIT, VERLORENE LEISTUNG

Wurde eine Leistung in der Schule tatsächlich erbracht, ging aber die Klassenarbeit oder Klausur vor einer Bewertung und Eintragung der Note durch den Lehrer verloren, darf keine fiktive Note erteilt werden – etwa die Note, die der Schüler üblicherweise in dem Fach erreicht oder von der er glaubt, sie in der Arbeit erreicht zu haben. Es bleibt nur die Wiederholung der Arbeit. Das ist zwar in Fällen, in denen der Lehrer den Verlust der Arbeit zu vertreten hat, für die Schüler sehr ärgerlich, aber unvermeidbar, da eine tatsächliche Beurteilungsgrundlage fehlt.

Gehen nicht gleich alle Arbeiten einer Klasse verloren, sondern nur die Arbeit eines Schülers, der durch Zeugenaussagen von Mitschülern glaubhaft machen kann, die Arbeit abgegeben zu haben, kann – falls die Regelungen des Bundeslandes das zulassen – das Nachschreiben der Arbeit auch durch eine mündliche Feststellungsprüfung ersetzt werden.

Ein gänzlicher Verzicht auf das Nachschreiben ist denkbar, wenn das Notenbild auch ohne die Arbeit völlig eindeutig ist und das Schulgesetz vorsieht, dass eine Arbeit nachgeschrieben werden kann, aber nicht in jedem Fall nachgeschrieben werden muss.

WAHL DER ÄUßEREN FORM

Bei Klassenarbeiten, Klausuren und anderen Leistungen dürfen Lehrer die äußere Form vorschreiben, wenn es dafür sachliche Gründe gibt. So können beispielsweise die Größe der Blätter und die Breite eines Korrekturrands vorgeschrieben oder bestimmte Schriftfarben, zum Beispiel Rot als Korrekturfarbe des Lehrers, verboten werden. Solche Vorgaben gehören zum Ermessensspielraum der Lehrer und können daher von Lehrer zu Lehrer unterschiedlich ausfallen.

Verstöße der Schüler gegen diese Vorgaben können bei der Notengebung als Art der Darstellung berücksichtigt werden oder erzieherische Einwirkungen nach sich ziehen. Lehrer dürfen die Bewertung aber nicht vollständig verweigern, da damit eine tatsächlich erbrachte Leistung ignoriert und eine unverhältnismäßige Sanktion erfolgen würde.

BENOTUNG VON HAUSAUFGABEN

Hausaufgaben dürfen nach den Vorschriften zahlreicher Bundesländer in der Grundschule und Sekundarstufe I in der Regel nicht bewertet werden oder ihre Benotung ist sogar völlig untersagt. Nichts
hindert einen Lehrer aber daran, in der Unterrichtsstunde Inhalte
der Hausaufgaben mündlich oder schriftlich abzufragen und die
Antworten zu benoten. Häufig nicht angefertigte Hausaufgaben
lassen zudem einen Rückschluss auf die Leistungsbereitschaft der
Schüler zu, die bei einer Entscheidung zwischen zwei Noten oder
bei einer Versetzung aufgrund einer Prognose durchaus eine Rolle
spielt.

ÖFFENTLICHE BEKANNTGABE VON NOTEN

Die Rechtmäßigkeit einer Bekanntgabe von Klassenarbeitsnoten,
Noten der sonstigen Mitarbeit oder Zeugnisnoten vor der gesamten
Klasse ist umstritten. Rechtliche Bedenken könnten sich aus dem
Datenschutz ergeben, da es in den Schulgesetzen keine Regelungen
gibt, die eine Bekanntgabe vor der gesamten Lerngruppe ausdrücklich zuließen. Es kommt daher darauf an, ob es eine überzeugende
pädagogische Rechtfertigung gibt.

Befürworter eines Verbotes verweisen darauf, dass für den Lernprozess eines Schülers dessen eigene Note und nicht die der Mitschüler von Bedeutung ist und Schüler sich bloßgestellt oder verletzt
fühlen könnten. Gegner eines ausnahmslosen Verbots betonen, dass
eine Klasse mehr ist als die gleichzeitige Anwesenheit isoliert lernen-
der Individuen in einem Raum. Sie halten eine Bekanntgabe von
Noten für rechtlich zulässig, wenn damit pädagogisch wichtige Ziele
verfolgt werden:

- Im Laufe einer Unterrichtsstunde werden immer wieder Leistungen wie ein Unterrichtsbeitrag oder ein Referat offen durch Lehrer bewertet.

- Die Bekanntgabe individueller Noten erleichtert den Schülern einer Klasse die Einschätzung der eigenen Leistungen und dient der Transparenz sowie der Überprüfung, ob der Lehrer den Grundsatz der Gleichbehandlung beachtet hat.
- Lehrer können durch Schülerreaktionen auf ihre Notengebung deren Akzeptanz erkennen. Das gilt für einzelne Noten im Unterricht, aber auch für Klassenarbeits- und Zeugnisnoten.
- Ein Lehrer, der Noten niemals vor der Klasse bekannt gibt, entzieht sich der Überprüfung und Kritik durch die Lerngruppe. Er verhindert den Vergleich der Noten in einer Gruppe, obwohl der Bezug zur gesamten Lerngruppe ein wichtiges Element der Leistungsbeurteilung ist.
- Ein Notenspiegel kann die Offenlegung der Noten einzelner Schüler nicht ersetzen, da er die Maßstäbe der Notengebung nicht zu erkennen gibt.

Zusätzlich zur pädagogischen Begründung verschafft die Frage an die Schüler, ob sie mit der Bekanntgabe einverstanden sind, rechtliche Sicherheit. Letztlich bleibt es eine pädagogische Entscheidung des Lehrers: Da die Rechtslage nicht völlig eindeutig ist, kann niemand einem Lehrer vorwerfen, mit der Bekanntgabe eine rechtswidrige Entscheidung getroffen zu haben.

Eine Bekanntgabe, die Schüler bloßstellt oder verletzt, indem der Lehrer Passagen einer Arbeit höhnisch kommentiert oder alle Schüler mit der Note »mangelhaft« aufstehen lässt, ist selbstverständlich ohnehin schul- und dienstrechtlich verboten.

CHANCENGLEICHHEIT BEI PRÜFUNGEN

Einer der zentralen Grundsätze der Leistungsbewertung ist der Anspruch aller Schüler auf Gleichbehandlung. Bei Abschlussprüfungen und Berechtigungen gilt das Gebot der Chancengleichheit, das sich aus Artikel 3 Absatz 1 GG (Gleichbehandlung) und Artikel 12 Absatz 1 GG (Berufswahlfreiheit) ergibt. Von allen Schülern und Prüflingen sind dieselben Leistungen zu fordern, die anhand derselben Maßstäbe bewertet werden. Die Umstände, unter denen Leistungen zu erbringen sind, müssen ebenfalls für alle Schüler gleich sein.

PRÜFUNGSDAUER

An alle Schüler sind dieselben Anforderungen zu stellen und an ihre Leistungen dieselben Maßstäbe anzulegen, wenn sie dieselbe Berechtigung oder denselben Abschluss anstreben. Kein Schüler darf bevorzugt oder benachteiligt werden.

Für eine mündliche Abiturprüfung war eine Dauer von 20 Minuten vorgeschrieben. Eine Schülerin wurde von ihrer Mutter und einer Freundin am Prüfungstag zur Schule begleitet. Die Schülerin bestand die Prüfung nicht. Im Prüfungsprotokoll wurde als Prüfungszeit 10:15 Uhr bis 10:35 Uhr angegeben. Die Mutter und die Freundin sagten aus, sie hätten beide auf ihre Uhren gesehen und eine Verkürzung der Prüfungszeit um zwei Minuten festgestellt. Die Schülerin hielt die Prüfung wegen einer unzulässigen Verkürzung der Prüfungszeit für rechtswidrig.

Erhebliche Abweichungen von der vorgeschriebenen Prüfungsdauer können zu einer Rechtswidrigkeit der Prüfung führen, geringfügige Abweichungen sind dagegen rechtlich unbedenklich. Eine Unterschreitung der Mindestdauer einer mündlichen Prüfung um mehr als 10 Prozent kann einen wesentlichen Verfahrensfehler darstellen, während eine Überschreitung erst bei mehr als 20 Prozent problematisch ist. Wäre die Prüfungszeit nachweislich um zwei Minuten unterschritten worden, wäre die 10-Prozent-Grenze nicht überschritten. Allerdings ist in diesem Fall nicht einmal die Unterschreitung von zwei Minuten eindeutig bewiesen.

Die Niederschrift über die Abiturprüfung stellt eine öffentliche Urkunde dar und begründet den vollen Beweis über die darin bezeugten Tatsachen und damit auch über Beginn und Ende der Prüfung. Ihre Unrichtigkeit muss bewiesen werden. Dies gelingt jedoch nicht mit dem Verweis auf Zeugen und eine Zeitmessung, die sich auch mit den üblichen Abweichungen von Uhren erklären lässt. Das zuständige Verwaltungsgericht hat die Klage abgewiesen (VG Hannover, Az.: 6 A 5912/08).

Ist in einer Prüfungsordnung eine Prüfungsdauer von »in der Regel 20 Minuten« vorgeschrieben, kann der Prüfungsausschuss in Fällen, in denen eine Bewertung bereits vor Ablauf der 20 Minuten möglich ist oder aber einen längeren Zeitraum als 20 Minuten erfordert, von der Regeldauer abweichen. Er hat einen größeren zeitlichen Spielraum als bei einer exakt vorgegebenen Prüfungsdauer, darf aber nicht regelmäßig von den 20 Minuten abweichen. Zudem muss er die Abweichungen so begrenzen, dass die Prüfungssituation nicht durch deutlich zu wenig oder zu viel Zeit im Vergleich zu Mitprüflingen unzulässig verändert wird.

ANSPRUCH AUF NACHTEILSAUSGLEICH

Der Anspruch auf Gleichbehandlung und auf Chancengleichheit erfordert keine »blinde« Gleichbehandlung, sondern Gleiches gleich und Ungleiches ungleich zu behandeln. Ist es einem Schüler aufgrund bestimmter Rahmenbedingungen, etwa einer gesundheitlichen Beeinträchtigungen oder einer Behinderung, nicht möglich, eine Leistung unter gleichen Bedingungen wie seine Mitschüler zu erbringen, kann er einen Anspruch auf Nachteilsausgleich haben.

Der Nachteilsausgleich steht nicht im Widerspruch zur Chancengleichheit, sondern stellt die Chancengleichheit erst sicher: Beeinträchtigt eine Behinderung oder Krankheit einen Schüler bei der Leistung, ohne sich auf die zu erbringende Leistung auszuwirken, muss dieser Nachteil ausgeglichen werden, damit die Leistung unter gleichen Bedingungen erbracht werden kann. Beim Nachteilsausgleich werden die Rahmenbedingungen der Leistung verändert, ohne Veränderung der Leistung selbst oder der Bewertungsmaßstäbe. Hat sich ein Schüler beispielsweise die Schreibhand gebrochen, benötigt er natürlich eine längere Schreibzeit bei der Klassenarbeit oder einen Laptop als Schreibgerät. Leidet ein Schüler nachweislich an Legasthenie, ist seine Lese- und Schreibgeschwindigkeit verringert. Auch er hat einen Anspruch auf Nachteilsausgleich und erhält eine Schreibzeitverlängerung.

Allerdings darf die Ausgleichsmaßnahme nicht so bemessen sein, dass der Nachteil »überkompensiert« wird. Fällt die Schreibzeitverlängerung beispielsweise zu großzügig aus, hat der Schüler eine verlängerte Bearbeitungszeit und damit einen ungerechtfertigten Vorteil gegenüber seinen Mitschülern. Die Angemessenheit einer Schreibzeitverlängerung ergibt sich aus Erfahrungswerten und einer Einschätzung der Lehrer: Wie schnell kann der Schüler im Unterricht lesen oder schreiben? Wie viel Zeit ist ihm bisher bei Tests oder Klassenarbeiten zusätzlich eingeräumt worden?

Der Anspruch auf einen Nachteilsausgleich beruht unmittelbar auf dem verfassungsrechtlichen Anspruch auf Chancengleichheit. Er muss daher nicht in einem Gesetz oder einer Vorschrift ausdrücklich gewährt werden. Es wäre angesichts der großen Zahl möglicher Beeinträchtigungen auch faktisch nahezu unmöglich, alle denkbaren Beeinträchtigungen aufzuführen.

Kein Anspruch auf Nachteilsausgleich besteht, wenn ein Schüler lediglich erklärt, die Formulierung der Aufgaben in vielen Klassenarbeiten, insbesondere der Textaufgaben in Mathematik, seien für ihn nicht leicht verständlich, und daraufhin einfachere und verständlichere Formulierungen einfordert. Das Verständnis der Aufgabenstellung ist ein Teil der geforderten Leistung – der Schüler würde demnach eine Vereinfachung der geforderten Leistung verlangen, die ihn im Vergleich zu seinen Mitschülern bevorzugen würde.

ANSPRUCH AUF NOTENSCHUTZ

Der Notenschutz, bei dem auf eine Note verzichtet, eine andere Leistung gefordert oder die Bewertungsmaßstäbe verändert werden, verstößt gegen die Chancengleichheit. Er darf daher nur gewährt werden, wenn er in einem Gesetz ausdrücklich vorgesehen ist (BVerwG, Az.: 6C 33.14). Eine derartige Bevorzugung kann in besonderen Ausnahmefällen – wie etwa der Unmöglichkeit, am Sportunterricht teilzunehmen – bei behinderten Schülern zulässig sein, wenn der Schulabschluss Voraussetzung für die Aufnahme eines Berufs oder einer beruflichen Ausbildung ist, in denen die Behinderung nicht erschwerend ins Gewicht fällt (BVerwG, Az.: 6C 33.14). Es gibt allerdings keinen unmittelbar aus der Verfassung oder der UN-Behindertenrechtskonvention ableitbaren generellen Anspruch Behinderter auf Notenschutz.

NOTENSCHUTZ BEI AUTISMUS

Ein an Autismus leidender Schüler forderte den Verzicht auf eine in der Prüfungsordnung vorgesehene mündliche Prüfung, da mündliche Prüfungen für Autisten ungeeignet seien. Mehrminütiges Sprechen in Form eines freien Vortrags ohne Pause könne von Autisten nicht als Leistung erbracht werden. Dies führe dazu, dass trotz guter schriftlicher Leistungen seine mündlichen Leistungen durchgehend schlecht seien und sich dadurch nicht nur die Gesamtnote verschlechtere, sondern auch der Abschluss gefährdet sei.

Können an Autismus leidende Schüler bestimmte Leistungsanforderungen nicht erfüllen, haben sie generell keinen Anspruch auf Notenschutz, sondern sind an denselben Anforderungen zu messen wie alle Schüler (VerfGH Bayern, Az.: Vf. 10-VII-15), es sei denn, ein Gesetz sieht ausdrücklich eine andere Regelung vor (so z. B. Paragraph 34 Absatz 3 der Schulordnung für schulartübergreifende Regelungen an Schulen in Bayern).

ZEUGNISVERMERKE

In einem Zeugnis wird der Nachteilsausgleich nicht erwähnt, da es nicht sinnvoll ist, in einem Zeugnis darauf hinzuweisen, dass chancengleiche Bedingungen für alle Schüler herrschten, und der Eindruck entstehen könnte, die Leistungen seien nicht vergleichbar (BVerwG, Az.: 6 C 33.14).

Zum Notenschutz gehören alle Maßnahmen, die auf die Bevorzugung des einzelnen Prüflings gerichtet sind, weil diesem gegenüber auf bestimmte Leistungsanforderungen verzichtet wird, die allen anderen Prüflingen abverlangt werden. Der Notenschutz muss daher auf einem Abschlusszeugnis vermerkt werden, um eine Täuschung Dritter zu vermeiden. Andernfalls leidet die Aussagekraft des Zeugnisses, da die Noten teilweise nicht nach den allgemeinen Bewertungskriterien zustande gekommen sind. So kann etwa im Abiturzeugnis stehen: »Aufgrund einer fachärztlich festgestellten Legasthenie wurden Rechtschreibleistungen nicht gewertet.«

Bemerkungen im Abschlusszeugnis über die Gewährung von Notenschutz verstoßen weder gegen die Behindertenrechtskonvention noch gegen das Allgemeine Gleichbehandlungsgesetz oder gegen das Benachteiligungsverbot Behinderter aus Artikel 3 Absatz 3 Satz 2 GG (BVerwG, Az.: 6 C 33.14).

SONDERFALL LESE- UND RECHTSCHREIBSCHWÄCHE

Eine Lese- und Rechtschreibschwäche ist im Gegensatz zur Lese- und Rechtschreibstörung (Legasthenie) keine Behinderung, sondern eine Leistungsschwäche. Sinn und Zweck der Leistungsbeurteilung ist aber gerade die Feststellung und Bewertung von Leistungsstärken und Leistungsschwächen der Schüler. Nichtsdestotrotz hat die Kultusministerkonferenz sich darauf geeinigt, in den unteren Jahrgangsstufen der Schullaufbahn neben Fördermaßnahmen die Möglichkeiten eines Nachteilsausgleichs und sogar eines Notenschutzes durch Aussetzung der Notengebung oder einer Veränderung der Maßstäbe der Notengebung im Falle einer Lese- und Rechtschreibschwäche vorzusehen. Derartige Möglichkeiten gibt es bei anderen Leistungsschwächen, zum Beispiel bei einer Schwäche beim Rechnen, Zeichnen oder Erlernen von Fremdsprachen oder einer Schwäche des naturwissenschaftlichen Verständnisses nicht.

Die Regelungen der Bundesländer schließen allerdings bei Prüfungen und Abschlüssen einen Notenschutz bei einer Lese- und Rechtschreibschwäche aus und gewähren einen Nachteilsausgleich nur in besonderen Einzelfällen, also insbesondere bei Legasthenie.

Die angemessene schulische Reaktion auf Leistungsschwächen besteht in der Förderung der Schüler, aber nicht in einem Nachteilsausgleich oder gar Notenschutz. Kann ein Schüler nur langsam und fehlerhaft lesen oder schreiben, ohne dass eine Behinderung zugrunde liegt, hilft es am ehesten, viel zu lesen und zu schreiben.

ÄRZTLICHES ATTEST UND PÄDAGOGISCHE KONSEQUENZEN

Die Schule entscheidet über die Bedeutung von Bescheinigungen für ihr pädagogisches Handeln. Das gilt für die Glaubwürdigkeit einer Diagnose, die aber nur selten erfolgreich infrage gestellt werden kann, vor allem aber für die daraus zu ziehenden pädagogischen Konsequenzen.

Eine Schülerin einer 7. Klasse legte eine Bescheinigung eines Arztes vor, der eine Lese- und Rechtschreibschwäche attestierte und eine Verlängerung der Schreibzeit bei allen Klassenarbeiten um 10 Prozent sowie einen generellen Verzicht auf die Bewertung der Rechtschreibleistungen forderte.

Ärzte, Psychologen, Therapeuten, Institutionen und Vereine verfügen nicht über die Voraussetzungen, schulische Entscheidungen vorzugeben. Sie sind nicht zuständig, ihnen fehlt in der Regel die

Kenntnis der schulrechtlichen Grundlagen der Entscheidungen und sie verfügen weder über die erforderlichen pädagogischen Kenntnisse noch über die Kenntnis der konkreten schulischen Rahmenbedingungen. Die Schule nimmt lediglich Handlungsempfehlungen zur Kenntnis, um sie in ihre Entscheidungsprozesse einzubeziehen.

Unterstellt man im beschriebenen Fall, dass die Schule die Diagnose für zutreffend hält, prüft sie die Forderungen. Hält die Schule die Diagnose für unzutreffend, weist sie die Ansprüche allein schon aus diesem Grund zurück. Ärzte diagnostizieren Krankheiten, doch eine Schwäche im Lesen und Schreiben, die nicht auf einer Behinderung beruht, ist keine Krankheit. Einige Eltern betrachten Leistungsschwächen aber nur allzu gern als krankheitsähnlich, da sie sich damit von der eigenen Verantwortung entlasten, für ihre Kinder eine Bevorzugung beanspruchen und eine Therapie durch Experten fordern können.

Die Regelungen der Kultusministerkonferenz sehen bei dem pädagogischen Problem einer Lese- und Rechtschreibschwäche vorrangig eine Diagnose durch die Lehrer vor. Der Arzt überschreitet mit der Festsetzung schulischer Maßnahmen eindeutig seine Kompetenzen. Es ist eine pädagogische Entscheidung, bei welcher Leistungsschwäche welche Art von Förderung oder Nachteilsausgleich angemessen ist.

Die Unterscheidung von Nachteilsausgleich und Notenschutz ist eine schulrechtliche Entscheidung, die ebenfalls kein Mediziner, sondern die Schule vornimmt. Die Festlegung einer generellen Schreibzeitverlängerung von 10 Prozent wegen einer Lese- und Rechtschreibschwäche kann offensichtlich im Einzelfall pädagogisch falsch und rechtswidrig sein, da sie völlig außer Acht lässt, wie viel Text bei der jeweiligen Arbeit zu lesen und zu schreiben ist. Es kann nicht richtig sein, bei einer Mathematikarbeit oder Multiple-Choice-Aufgaben in Biologie ebenso schematisch eine zehnprozentige Schreibzeitverlängerung einzuräumen wie bei einer Deutscharbeit.

Ein Verzicht auf die Bewertung der Rechtschreibleistungen stellt einen Notenschutz dar, der nur zulässig ist, wenn es für ihn, insbesondere bei Abschlussprüfungen, eine gesetzliche Grundlage gibt.

Die auf einer Vereinbarung der Kultusministerkonferenz beruhenden Erlasse der Länder räumen bei einer Lese- und Rechtschreibschwäche in der Primarstufe und in den Klassen 5 und 6 die Möglichkeit ein, auf eine Bewertung der Rechtschreibleistungen zu verzichten. In den Klassen 7 bis 10 ist das nur »in besonders begründeten Einzelfällen« zulässig. Die Schule müsste daher prüfen, ob es sich um einen besonders begründeten Einzelfall handelt. Das wird definitionsgemäß in der Regel zu verneinen sein. Im beschriebenen Fall gab es keine Hinweise auf besondere Umstände.

Notenschutz wegen einer Lese- und Rechtschreibschwäche gibt es bei Abschlussprüfungen nicht, da kein Land ihn gesetzlich erlaubt.

NACHTEILSAUSGLEICH WEGEN DYSKALKULIE

Schüler, die wegen einer Dyskalkulie mehr Bearbeitungszeit, einfachere Aufgaben oder eine Veränderung der Bewertungsmaßstäbe fordern, haben auf diese Begünstigungen nicht nur keinen Anspruch, sondern die Schulen dürfen diesen Forderungen nicht nachgeben.

Wegen ihrer Dyskalkulie forderte eine Schülerin, ihr im Gegensatz zu den anderen Mitschülern die Benutzung eines Taschenrechners bei Klassenarbeiten zu gestatten und ihre ärztlich attestierte Dyskalkulie bei der Notengebung angemessen zu berücksichtigen.

Die Fähigkeit, mathematische Aufgaben in einer vorgegebenen Zeit zu verstehen und zu lösen, stellt den Kern der geforderten Leistung dar. Ein Notenschutz in Form einer teilweise unterlassenen oder im Vergleich zu den Mitschülern günstigeren Bewertung ist daher rechtswidrig. Wer mehr Zeit für das Verständnis und die Lösung einer Mathematikaufgabe braucht, die Aufgabenstellung nur mit Erläuterungen versteht oder gerne eine bessere Note für eine im Vergleich zu seinen Mitschülern schwächere Leistung erhalten möchte, fordert nicht die Beseitigung von Nachteilen, die mit der geforderten

Leistung nichts zu tun haben, sondern möchte gegenüber anderen Schülern bevorzugt werden.

Die Schülerin beansprucht im beschriebenen Fall keine Schreib- oder Lesehilfe wegen einer Einschränkung, die mit der zu erbringenden Leistung nichts zu tun hat, sondern fordert eine Bevorzugung gegenüber anderen Schülern durch ein Hilfsmittel, das Rechenvorgänge beschleunigt und Fehler vermeidet. Es handelt sich daher nicht um einen Nachteilsausgleich, sondern um Notenschutz, für den in allen Bundesländern die erforderliche gesetzliche Grundlage fehlt. Die Festsetzung durch einen Arzt, es sei die Benutzung eines Taschenrechners zu erlauben, fordert von der Schule rechtswidriges Verhalten. Wenn mit einer »angemessenen Berücksichtigung« ein Nachteilsausgleich gemeint sein sollte, scheitert jede Art von Nachteilsausgleich daran, dass es sich bei der Rechenschwäche nicht um eine unabhängig von der geforderten Leistung bestehende Einschränkung handelt, sondern um die eingeschränkte Fähigkeit, die geforderte Leistung selbst erbringen zu können.

LEISTUNGSVERWEIGERUNG DURCH UNENTSCHULDIGTES FEHLEN

Eltern und volljährige Schüler müssen nicht nur ein Fehlen im Unterricht entschuldigen, sondern insbesondere auch ein Fehlen bei einer Klassenarbeit oder Prüfung. Unentschuldigtes Fehlen wird als Leistungsverweigerung mit »ungenügend« bewertet. Werden Entschuldigungen nicht unmittelbar nach Beendigung des Versäumnisses schriftlich eingereicht, kann ihre Anerkennung verweigert werden.

UNVERZÜGLICHE ENTSCHULDIGUNG

Die gesetzlichen Vorgaben verlangen in den meisten Ländern eine »unverzügliche« Entschuldigung. Unverzüglich bedeutet, die Entschuldigung muss ohne schuldhaftes Zögern bei der Schule eingehen, also am ersten oder spätestens zweiten Tag des Fehlens. Ein Verschulden bei einer zu späten Information der Schule entfällt nur bei Unmöglichkeit oder Unzumutbarkeit einer rechtzeitigen Entschuldigung, etwa wegen eines Autounfalls der Familie oder eines Auslandsaufenthalts der Eltern.

Für eine unverzügliche Entschuldigung genügen telefonische oder elektronische Mitteilungen unter Angabe des Grunds (zum Beispiel Krankheit) und der voraussichtlichen Dauer am ersten Tag. Wird die Schule erst mehrere Tage nach dem Beginn des Fehlens informiert, versäumt ein Schüler den Unterricht unentschuldigt. Bei telefonischer oder elektronischer Entschuldigung ist die schriftliche Entschuldigung je nach Landesregelung bei Beendigung des Schulversäumnisses oder sogar schon spätestens am dritten Tag der Verhinderung nachzureichen. Die denkbar strengste Auslegung würde die Ablehnung jeder Entschuldigung ermöglichen, die nicht am ersten Schulbesuchstag nach Beendigung des Schulversäumnisses eingereicht wird.

Ist es allerdings an der Schule üblich, Entschuldigungen und Atteste noch innerhalb einer Woche einreichen zu können, darf eine Entschuldigung nicht unter Berufung auf die strengere gesetzliche Regelung zurückgewiesen werden. Auch wenn es eine gesetzliche Regelung oder eine Regelung in einer Schulordnung gibt, ist letztlich die Praxis der Schule entscheidend, da diese den Eltern und Schülern bekannt ist und die Schule an ihre eigene Praxis gebunden ist.

ÄRZTLICHES ATTEST

Hat die Schule begründete Zweifel, ob aus gesundheitlichen Gründen gefehlt wird, kann sie ein ärztliches Attest verlangen. Begründete Zweifel an Entschuldigungen können beispielsweise bestehen, wenn Schüler häufiger Klassenarbeiten versäumen, auffallend häufig an bestimmten Wochentagen fehlen oder eine Klassenarbeit von besonderer Bedeutung ist.

Das ärztliche Attest muss bescheinigen, dass ein Schüler aus gesundheitlichen Gründen nicht in der Lage war, am Unterricht oder an einer Leistungsüberprüfung teilzunehmen. Bescheinigungen, die lediglich den Arztbesuch bestätigen, wie etwa »XY war am 3.5. in ärztlicher Behandlung« oder »XY hat am 3.5. in der Zeit von 9:00 bis 11:00 Uhr die Praxis aufgesucht«, oder die nicht vom Arzt, sondern von Arzthelferinnen unterschrieben sind, erfüllen diese Anforderungen nicht.

Eine Schülerin schickte ein Attest nach eigener Aussage nach einem Arztbesuch am 8.4. mit der Post an die Schule. Das Attest traf dort jedoch nicht ein. Sie versäumte eine Mathematikarbeit am 8.4., die daraufhin mit »ungenügend« bewertet wurde. Am 15.4. reichte sie ein ärztliches Attest bei der Schule ein.

Die Schülerin hätte der Schule ihr Fehlen unverzüglich mitteilen und innerhalb von zwei bis drei Tagen das Attest nachreichen müssen. Wird ein Attest verspätet eingereicht, kann es das Fehlen nicht mehr entschuldigen. Der Nichteingang eines per Post versandten Attestes geht zulasten des Schülers (VG Stuttgart, Az.: 12 K 2867/13).

ZWEIFEL AN ENTSCHULDIGUNGEN UND ATTESTEN

Das Verhalten des Schülers in zeitlichem Zusammenhang mit der Entschuldigung oder Schulunfähigkeitsbescheinigung kann dazu führen, dass von der offensichtlichen Unrichtigkeit der Entschuldigung oder des ärztlichen Attestes auszugehen ist, zum Beispiel wenn der Lehrer davon Kenntnis hat, dass der fehlende Schüler am Vortag an einem Sportturnier teilgenommen hat, im Laientheater aufgetreten oder auf ein Volksfest oder Konzert gegangen ist. Berechtigte Zweifel lassen sich aber nicht generell begründen, sondern ergeben sich aus den konkreten Umständen des Einzelfalls. Die Schule kann sich Gewissheit über die Richtigkeit eines Attestes verschaffen, zum

Beispiel durch Anhörung des Schülers oder durch Rücksprache mit dem ausstellenden Arzt nach dessen Entbindung von der ärztlichen Schweigepflicht, falls nicht nur gefragt wird, ob der Arzt das Attest tatsächlich persönlich ausgestellt hat, sondern auch Informationen zum Krankheitsbild erbeten werden.

Die Schule kann bei sehr häufigem Fehlen bei Klassenarbeiten oder aufgrund bestehender Zweifel an der Richtigkeit vorgelegter Atteste die Vorlage eines schulärztlichen Attestes verlangen (OVG Hamburg, Az.: 1 Bs 208/11). Es ist allerdings zu bezweifeln, ob diese rechtlich gegebene Möglichkeit in der Praxis – abgesehen von besonderen Ausnahmefällen – genutzt werden kann: Eine nachträgliche schulärztliche Überprüfung scheitert in der Regel an der mittlerweile eingetretenen Heilung. Die Aufforderung, während der Krankheitszeit den Schularzt aufzusuchen, erfordert eine hohe Kooperationsbereitschaft und schnelle Reaktion des Amtsarztes, und die Verpflichtung, bei der nächsten Krankmeldung ein schulärztliches Attest vorzulegen, setzt einen sehr schwerwiegenden Fall und die Möglichkeit voraus, einen Termin beim Amtsarzt zu erhalten. In der Praxis sind schulärztliche Atteste vor allem beim Abbruch einer Prüfung wegen Prüfungsunfähigkeit von Bedeutung.

PRÜFUNGSUNFÄHIGKEIT

Jede Leistung setzt die Prüfungsfähigkeit der Schüler voraus. Nachdem sie die Aufgabenstellung zur Kenntnis genommen haben, können sich Schüler nur noch auf eine für sie vor der Leistung nicht erkennbare Prüfungsunfähigkeit berufen, wenn sie die Klassenarbeit oder Prüfung abbrechen wollen.

Wenn ein Schüler vor einer Klassenarbeit oder Prüfung erklärt, er fühle sich nicht wohl, muss er sich eindeutig entscheiden, ob er die Arbeit mitschreiben will oder nicht. Es kann keine Option einzelner

Schüler auf jederzeitige Beendigung der Klassenarbeit mit einem Anspruch auf Nachschreiben geben.

Sollte ein Lehrer einen Schüler als nicht prüfungsfähig ansehen, kann er den Abbruch der mündlichen oder schriftlichen Leistungsüberprüfung gestatten.

RÜCKTRITT IM NACHHINEIN

Glaubt ein Schüler, eine Leistung wegen einer vorübergehenden gesundheitlichen Beeinträchtigung nicht oder nur eingeschränkt erbringen zu können, kann er seinen Rücktritt von der Prüfung erklären. Er muss dies jedoch unverzüglich und eindeutig tun.

Ein Schüler wandte sich gegen die Note »gut« im Fach Sport auf seinem Abschlusszeugnis. Er habe fast während der gesamten Schulzeit im Fach Sport die Note »sehr gut« erhalten. Trotz einer durch ein ärztliches Attest belegten gesundheitlichen Einschränkung habe er unbedingt am Sportunterricht teilnehmen und somit auch sein Engagement zum Ausdruck bringen wollen. Seine Laufleistungen seien mit »gut« bewertet worden – ohne Berücksichtigung seiner körperlichen Einschränkungen. Er habe sich den Prüfungen in den Laufdisziplinen gestellt, da er sehr engagiert sei und nicht gerne über eigene Probleme spreche. Er habe daher die Sportlehrerin nicht auf seine gesundheitlichen Einschränkungen hingewiesen.

Nachträgliche Krankmeldungen oder Entschuldigungen werden nicht berücksichtigt, da Schüler andernfalls das Ergebnis einer Prüfung abwarten und bei einem unbefriedigenden Ergebnis den »Joker« der Krankheit oder Prüfungsunfähigkeit ziehen könnten. Die Leistung ist im beschriebenen Fall daher zu Recht mit »gut« bewertet worden (VG Braunschweig, Az.: 6 A 453/12).

Eine Ausnahme kann lediglich bei einer unerkannten Prüfungsunfähigkeit vorliegen. War der Prüfling nicht in der Lage, seine Prüfungsunfähigkeit zu erkennen, muss er durch ein Attest nachweisen, dass er zum damaligen Zeitpunkt prüfungsunfähig war und seine Prüfungsunfähigkeit vor oder während der Prüfungsleistung tatsächlich nicht erkennen konnte.

Eine Schülerin schrieb zwei Stunden lang eine dreistündige Klausur mit. Dann erklärte sie der Lehrerin, ihr sei so übel, dass sie sich übergeben müsse und die Klausur nicht weiterschreiben könne.

In diesem Fall entscheidet die Lehrerin,
- ob sie eine plötzlich auftretende Erkrankung für glaubwürdig hält,
- ob die Schülerin ein ärztliches Attest, in dem eine plötzlich aufgetretene, vorher nicht erkennbare krankheitsbedingte Prüfungsunfähigkeit bescheinigt wird, vorlegen muss, oder
- ob die Schülerin, zum Beispiel bei einer Prüfungsklausur, sofort den Amtsarzt aufsuchen muss.

LEISTUNGSVERWEIGERUNG DURCH TÄUSCHUNG

Nicht nur unentschuldigtes Fehlen bei einer Klassenarbeit oder Prüfung gilt als Leistungsverweigerung, sondern auch die Weigerung, sich an die Regeln zu halten, die bei einer schriftlichen Arbeit gelten. Eine Leistungsverweigerung liegt demnach nicht nur vor, wenn überhaupt keine Leistung erbracht wird, sondern auch wenn für die Vergleichbarkeit und Korrektheit der Leistung wichtige Regeln bewusst missachtet werden. So müssen Schüler bei Klassenarbeiten üblicherweise ihre Smartphones in die Schultaschen legen oder beim

Lehrer abgeben. Weigert sich ein Schüler, sich an diese Anordnung zu halten, erhält er die Note »ungenügend«, auch wenn er die Arbeit mitgeschrieben und abgegeben hat.

BEWEIS DES ERSTEN ANSCHEINS

Besteht der Verdacht, dass bei einer Leistung getäuscht wurde, vertrauen Schüler gelegentlich auf die Schwierigkeiten der Schule, ihnen eine Täuschung nachzuweisen. Schüler dürfen aber die strengen Maßstäbe der Beweisführung im Strafrecht nicht mit denen des Schulrechts verwechseln.

Die Beweislast für das Vorliegen einer Täuschung trägt tatsächlich grundsätzlich die Schule. Es genügt aber, wenn einzelne Tatsachen bei verständiger Würdigung den Anschein erwecken, dass der Schüler die Leistung nicht persönlich und unverfälscht erbracht hat. Juristisch spricht man hier von einem »Beweis des ersten Anscheins«.

Ein solcher Beweis kann beispielsweise geführt werden, wenn in einer Facharbeit ein für den Schüler völlig untypisches Leistungs- und Sprachniveau erreicht wird. Selbstverständlich kann ein Schüler aufgrund besonderer Sorgfalt bei der Erstellung der Arbeit, der zur Verfügung stehenden Zeit sowie der zulässigen Unterstützung durch andere Personen, mit denen er über die Facharbeit spricht oder von denen er wertvolle Informationen erhält, in einer Facharbeit seine ansonsten durchschnittlichen Leistungen übertreffen. Eine grundlegende Änderung seines Kenntnisstands, vor allem aber eine grundlegende Änderung seiner sprachlichen Fähigkeiten und Methodenbeherrschung kann aber den Verdacht der Täuschung begründen, da sich diese Fähigkeiten und Kenntnisse nicht kurzfristig ändern lassen.

Eindeutig ist der Beweis des ersten Anscheins geführt bei nahezu wörtlicher Übereinstimmung von (Internet-)Quellen und den Ausführungen in einer Arbeit, ohne den Text als Zitat deutlich zu kennzeichnen. In dem Fall liegt zweifelsohne ein Plagiat vor.

WIDERLEGUNG DER UNTERSTELLTEN TÄUSCHUNG

Den Beweis des ersten Anscheins kann der Schüler widerlegen, indem er einen Ablauf schildert, der die Leistungssteigerung plausibel erklärt oder in der Lage ist, eine vergleichbare Leistung unter Aufsicht zu erbringen. Der Schüler muss zur Entkräftung des Anscheinsbeweises die ernsthafte Möglichkeit eines anderen Geschehensablaufs darlegen (OVG Rheinland-Pfalz, Az.: 10 A 11083/11).

Nach den Gründen für seine ungewöhnlich gute Leistung in der letzten Klassenarbeit gefragt, erklärte ein Schüler, sein Nachhilfelehrer habe glücklicherweise auf die richtige Aufgabenstellung getippt und ihn besonders intensiv vorbereitet.

Diese Erklärung ist zum einen nachvollziehbar, zum anderen ist die Leistung in der Klassenarbeit vom Schüler und nicht vom Nachhilfelehrer erbracht worden.

VERNÜNFTIGE, LEBENSNAHE ERKLÄRUNG

Fehlt dagegen eine nachvollziehbare Erklärung und kann der Schüler die Leistung in wesentlichen Teilen nicht wiederholen, ist von einer Täuschung auszugehen. Für den Beweis des ersten Anscheins genügt nicht eine gewisse Wahrscheinlichkeit einer Täuschung, sondern die Täuschung muss die einzig vernünftige und lebensnahe Erklärung für die außergewöhnlich gute Leistung sein.

Ein Schüler bat einen Lehrer am Tag nach der Rückgabe der Klassenarbeit um eine Neubewertung seiner mit »mangelhaft« bewerteten Arbeit, da der Lehrer mehrfach übersehen habe, dass als falsch bewertete Ausdrücke gestrichen oder mit einem Sternchen versehen seien. Am unteren Rand beziehungsweise auf der Rückseite der Blätter befänden sich jeweils die mit einem Sternchen versehenen richtigen Begriffe.

Der Lehrer lehnte die Rücknahme ab, da er keine richtigen Lö-
sungen als falsch angestrichen und bestimmt nicht mehrfach
Sternchen und Korrekturen übersehen habe.

Lehrer müssen nicht die Korrektheit ihrer Korrektur unwiderlegbar beweisen. Es genügt der Beweis des ersten Anscheins, also ein im Normalfall und bei vernünftiger Betrachtung anzunehmender Verlauf, den der Schüler dann widerlegen müsste. Wären die Korrekturen des Lehrers im beschriebenen Fall tatsächlich falsch, ist kaum zu verstehen, warum der Schüler nicht unmittelbar nach der Rückgabe der Arbeit auf die offensichtlichen und zahlreichen falschen Korrekturen hingewiesen hat. Hätte der Schüler tatsächlich die Begriffe während der Arbeit korrigiert, wäre es normal gewesen, die falschen Begriffe zu streichen und die richtigen darüber oder an den Rand zu schreiben. Die Kennzeichnung der fehlerhaften Ausdrücke mit Sternchen ist sehr ungewöhnlich. Es ist auch nicht nachzuvollziehen, warum der Lehrer weder die Sternchen noch die Worte unten auf der Seite oder auf der Rückseite des Blatts bemerkt haben sollte, zumal es sich um mehrere Worte handelte. Eine gewisse Glaubwürdigkeit der Behauptungen des Schülers könnte allenfalls gegeben sein, wenn es sich lediglich um ein oder zwei Fehler handeln würde, die allerdings dann vermutlich nicht das Gesamtergebnis ändern würden.

Neben den vom Schüler und Lehrer vorgetragenen Argumenten spielt auch eine Rolle, ob es häufiger Beschwerden über Korrekturen eines Lehrers gibt. Gibt es selten Beschwerden und gilt der Lehrer als sorgfältig bei der Korrektur von Klassenarbeiten, ist ein Erfolg des Schülers angesichts der ohnehin schwerwiegenden Argumente des Lehrers ausgeschlossen.

WIEDERGABE AUSWENDIG GELERNTER PASSAGEN

Ein Schüler machte geltend, seine schriftliche Arbeit sei zu Un-
recht als Täuschungsversuch mit der Note »ungenügend« bewertet

worden. Er habe bei der Bearbeitung der Teilaufgabe 2 einen vor-
her auswendig gelernten Text wiedergegeben, und zwar aus einer
für jedermann zugänglichen Übungsklausur.

Die Wiedergabe eines auswendig gelernten Texts ist keine eigenstän-
dige Leistung und darf mit »ungenügend« bewertet werden (VG Gie-
ßen, Az.: 7 K 3318/12). Ein Schüler, der eine Lösung auswendig
lernt, täuscht zwar nicht, er erbringt aber auch nicht die geforderte
Leistung. Im Ergebnis läuft dies jedoch auf dasselbe hinaus.

Es ist keine Rechtsfrage, ob es sinnvoll ist, in einer Klausur eine
Aufgabe zu stellen, die mit der Aufgabenstellung einer Übungsklausur identisch ist. Rechtlich verboten ist eine solche Aufgabe nicht.

KEINE TÄUSCHUNG

Nicht jedes Fehlverhalten eines Schülers bei einer schriftlichen Prüfungsarbeit darf als Täuschung gewertet werden.

Ein Schüler gab die Anzahl der Wörter in den schriftlichen Abi-
turprüfungsarbeiten in den Fächern »Leistungskurs Biologie« und
»Grundkurs Geschichte« falsch an. Der Prüfungsausschuss bewer-
tete das als schwerwiegende Täuschungshandlung und erklärte die
Abiturprüfung für nicht bestanden.

Das Zählen der Wörter einer Prüfungsarbeit zwecks Ermittlung des
sogenannten Fehlerkoeffizienten ist keine Obliegenheit der Schüler,
sondern die Aufgabe der Lehrer, da sie zur Beurteilung dient. Die
fehlerhafte Angabe der Anzahl der Wörter kann dem Schüler daher
nicht als Täuschungshandlung zugerechnet werden, welche die Feststellung des Nichtbestehens der Prüfung rechtfertigt (VG Darmstadt,
Az.: 3 L 890/14).

NACHSCHREIBEN EINER KLASSENARBEIT

Wird eine Klassenarbeit entschuldigt versäumt, besteht grundsätzlich ein Anspruch des Schülers, die Arbeit nachschreiben zu dürfen, da der Lehrer für die Notengebung eine vollständige Tatsachenbasis benötigt und dem Schüler dieselben Chancen, eine Leistung zu erbringen, einräumen muss wie den Mitschülern.

INHALT DER NACHSCHREIBEARBEIT

Eine nachzuschreibende Klassenarbeit muss ihrer Konzeption und Schwierigkeit nach mit der krankheitsbedingt versäumten Arbeit vergleichbar sein. Es gibt keinen Anspruch auf eine Nachschreibearbeit mit denselben Inhalten oder gar denselben Aufgaben wie in der ersten Arbeit. Eine Nachschreibearbeit darf auch Aufgaben aus einem Stoffgebiet umfassen, welches erst nach der versäumten Klassenarbeit behandelt wurde, wenn die Anforderungen dem Grunde nach identisch und gemessen an den Vorgaben der Rahmenrichtlinien und der Vorbereitung im Unterricht auch insgesamt angemessen sind (VG Oldenburg, Az.: 5 B 2228/08).

TERMIN DER NACHSCHREIBEARBEIT

Hat der Schüler ein Recht, die Arbeit nachzuschreiben, bedeutet das nicht, dass er den Zeitpunkt bestimmen darf. Bei einem Fehlen nur am Tag der Klassenarbeit kann der Lehrer verlangen, dass der Schüler sofort am Folgetag nachschreibt, auch wenn an diesem Tag das betreffende Fach gar nicht unterrichtet wird. Ein Anspruch auf eine besondere Vorbereitungszeit besteht nicht, da die Vorbereitungen am Tag vor der Arbeit abgeschlossen sein mussten und der Schüler keinen Anspruch auf eine längere Vorbereitungszeit als seine Mitschüler haben kann. Bei einem längeren, entschuldigten Fehlen vor der Arbeit muss dem Schüler eine angemessene Vorbereitungszeit gewährt werden.

Nachschreibetermine dürfen auch zentral für Schüler der ganzen Schule organisiert und beispielsweise auf einen Samstag gelegt werden. Schüler beziehungsweise Eltern können einer solchen Regelung nicht entgegenhalten, die Unterrichtszeit sei an der Schule eine Fünf-Tage-Woche, da an dem Nachschreibetermin kein Unterricht stattfindet, es sich nur um einige Samstage im Schuljahr handelt, nur ein geringer Teil der Schülerschaft betroffen ist und die Schule auch aus anderen Gründen – zum Beispiel dem Tag der offenen Tür – Schüler verpflichten kann, ausnahmsweise samstags zur Schule zu kommen.

DIE VERGESSENE ZUSAGE

Ein Schüler wurde nicht versetzt. Er wandte sich gegen die Note »mangelhaft« in Mathematik, da er wegen einer Hüftgelenksoperation insgesamt vier Wochen krank gewesen sei und eine Mathematikarbeit versäumt habe. Die Lehrerin hatte seiner Mutter zugesagt, er könne die Arbeit nachschreiben, dann jedoch keinen Termin angeboten.

Die – entgegen einer Zusage oder Praxis des Lehrers – unterlassene Nachholung einer versäumten Klassenarbeit muss von den erziehungsberechtigten Eltern eines Schülers unverzüglich gerügt werden. Unterbleibt die Rüge, kann die Leistungsnote im Jahresendzeugnis mit diesem Umstand nicht mehr angegriffen werden (VG Freiburg, Az.: 2 K 1975/09).

BEURTEILUNGSSPIELRAUM DER LEHRER BEI DER NOTENVERGABE

Ein Schüler behauptet nach einer nicht bestandenen Prüfung, bestimmte Fragen »nahezu fehlerfrei«, »einwandfrei«, »im Ergebnis richtig« oder »ohne Hilfe« beantwortet zu haben.

Prüfer beurteilen die Leistung, nicht der Prüfling. Die Aussagen betreffen den Beurteilungsspielraum der Prüfer. Das gilt auch für Erklärungen von Schülern, sie hätten sich häufig am Unterricht beteiligt oder richtige Antworten gegeben.

Der Beurteilungsspielraum der Prüfer wird lediglich durch die rechtliche Überprüfung von Noten begrenzt. Nachvollziehbare Wertungen von Lehrern kann ein Schüler jedoch nicht durch eigene entgegenstehende Einschätzungen entkräften.

Eine Schülerin forderte die Neubewertung ihrer Deutschklausur. Die Bewertung sei nicht angemessen, wie sich aus dem Gutachten eines Universitätsgermanisten ergebe. Die Bewertung einer Klausur mit »mangelhaft« erfordere zudem eine erheblich ausführlichere Begründung als bei besseren Noten. Ihre Arbeit erfülle die Anforderungen an die Note »ausreichend«.

Die Bewertung einer Arbeit mit »mangelhaft« erfordert keine erheblich ausführlichere Begründung als bei besseren Noten, denn es kommt nicht auf die Länge, sondern vielmehr auf die Überzeugungskraft der Begründung an (VG Braunschweig, Az.: 6 A 50/13).

Bei der rechtlichen Überprüfung sind *Fachfragen* und *Wertungen* zu unterscheiden: Bei Wertungen steht den Prüfern ein Bewertungsspielraum zu. Daher können zwar fachliche Fehler von Experten überprüft werden, Bewertungen hingegen nicht. Hat ein Lehrer eine richtige Aussage als falsch gewertet, führt das dennoch nicht zwangsläufig zu einer besseren Note. Ein irrtümlich angestrichener Fehler kann insgesamt ohne Auswirkung auf die Gesamtnote bleiben: Wenn bei mehr als 20 Fehlern die Note »mangelhaft« erteilt wird, ändern 21 statt 22 Fehler nichts an der Note. Rechtsfehler bei der Leistungsbeurteilung begründen keinen Anspruch auf eine bessere Note, wenn sie keinen Einfluss auf die Gesamtnote gehabt haben.

Noten werden von Lehrern auch im Hinblick auf die Vergleichsgruppe der Klasse oder der Prüfungskandidaten erteilt. Es verstieße gegen die Chancengleichheit, wenn einzelne Prüflinge aus diesem Bezugsrahmen herausgenommen würden und die Chance einer zweiten Beurteilung durch ein Gericht oder Sachverständige erhielten. Die abweichende Bewertung durch den Universitätsgermanisten ist im beschriebenen Fall daher irrelevant. Auch die Schulaufsicht kann keine Neubewertung einer Prüfung vornehmen, zumal ihr ebenso wie einem Gericht der unmittelbare Eindruck vom Prüfungsgeschehen fehlt. Nur die Prüfer können den Schwierigkeitsgrad einer Aufgabe, die Gewichtung der verschiedenen Aufgaben, die Qualität der Lösung sowie die Stärken, Schwächen und Mängel der Leistung bewerten und entscheiden, ob eine Prüfung bestanden wurde (VG Koblenz, Az.: 7 L 1432/06).

Aufgrund des Beurteilungsspielraums der Prüfer kann ein Gericht nur in Ausnahmefällen eine Prüfung für bestanden erklären. Stellt das Gericht die Rechtswidrigkeit einer Prüfung fest, müssen die Prüfer die Prüfungsleistung unter Beachtung der Rechtsauffassung des Gerichts erneut bewerten, oder die Prüfung ist zu wiederholen.

WERTENDE NOTENGEBUNG

Der Notendurchschnitt eines Schülers lag bei 4,4; er forderte die Note »ausreichend«, da abgewertet werden müsse. Der Notendurchschnitt eines anderen Schülers betrug 4,5; der Lehrer erteilte die Note »mangelhaft«, da aufgerundet werden müsse.

In beiden Fällen wird die erforderliche Bewertung außer Acht gelassen. Denn Noten müssen auf einer Bewertung der Schülerleistungen beruhen. Eine rein rechnerische Notenermittlung ist nur zulässig, wenn sie ausdrücklich vorgeschrieben ist. Doch selbst dann sind die Einzelnoten, aus denen die Gesamtnote errechnet werden muss, durch Bewertung zustande gekommen. Das gilt auch bei der Festlegung von Punkten und Prozentzahlen: Erhält ein Schüler die Note »ausreichend«, wenn er 50 Prozent der Höchstpunktzahl erreicht hat, beruhen die vergebenen Punkte auf der Bewertung der erbrachten Leistungen.

FORDERUNG NACH LÜCKENLOSER DOKUMENTATION

Mit der Errechnung von Noten anstelle einer wertenden Notengebung eng verbunden ist die Forderung nach lückenloser Dokumentation der Noten. Fordern Schüler oder – und das ist leider häufiger der Fall – die Schulaufsicht, der Lehrer solle die Rechtmäßigkeit seiner Noten für die sonstige Mitarbeit nachweisen, indem er Aufzeichnungen, am besten mit Datum versehen, vorlege, verkennen sie das Ziel der Leistungsbewertung. Lehrer sind keine Buchhalter. Sie sollen nicht nachweisen, dass sie über einen Kalender und eine Vorstellung vom gewünschten Ergebnis verfügen, sondern sie sollen die Kriterien ihrer Beurteilung und die erbrachten Leistungen eines Schülers bewertend in Beziehung zueinander setzen.

Jeder Lehrer hat einen Beurteilungsspielraum, er darf aber nicht willkürlich bewerten. Lehrer müssen sich auch nicht einig sein, was eine »überzeugende Darstellung« oder ein »wichtiges Argument« ist; sie dürfen kleinlich oder großzügig sein – sie müssen ihre Noten aber immer nachvollziehbar begründen können, und diese Begründung muss sich auf tatsächlich erbrachte Leistungen und für alle Schüler gleichermaßen geltende Kriterien beziehen. Die Schüleräußerung »Sie sind strenger als Ihre Kollegin in der Parallelklasse« beschreibt lediglich den Beurteilungsspielraum, bietet aber keinen Hinweis auf eine Rechtswidrigkeit der Note.

BEURTEILUNG DER LEISTUNGSBEREITSCHAFT

Ein Schüler hatte krankheitsbedingt oft gefehlt. Er wurde wegen der Note »mangelhaft« in Französisch, Mathematik, Chemie und Informatik nicht versetzt. Die Versetzung auf Probe in die nächste Jahrgangsstufe lehnte die Schule ab, da nicht die Krankheit, sondern massive Lernrückstände und Lücken bereits aus vorhergehenden Jahren, verbunden mit mangelnder Einsatzbereitschaft und dem Fehlen einer leistungsorientierten Arbeitshaltung, die wesentlichen Gründe für das Versagen des Schülers seien. Es sei daher nicht zu erwarten, dass der Schüler diese Lücken schließen und aufgrund der fehlenden Grundkenntnisse auch das angestrebte Bildungsziel erreichen könne.

Bei der Beurteilung der Einsatzbereitschaft und Arbeitshaltung eines Schülers hat die Schule einen pädagogischen Ermessensspielraum (VGH Bayern, Az.: 7 CE 09.2338). Die Prognose, ob ein Schüler trotz nicht erfüllter Versetzungsbedingungen erfolgreich in der nächsthöheren Klasse mitarbeiten kann, erfordert eine Gesamtschau der Leistungen. Die Prognose kann trotz einzelner positiver Leistungen negativ ausfallen. Entscheidend sind das Ausmaß des Lernrückstands, die Gründe für schwache Leistungen sowie die Arbeitshaltung des Schülers. Ein Gericht ersetzt die Prognose der Schule nicht durch eine eigene, sondern prüft lediglich die Plausibilität der schulischen Prognose.

EINWÄNDE GEGEN DIE NOTENVERGABE

Noten für Klassenarbeiten, Klausuren und die sonstige Mitarbeit sowie Zwischenzeugnisse sind keine Verwaltungsakte. Schüler können eine rechtliche Überprüfung durch die Schule und die Schulaufsicht nur mit einer Beschwerde erreichen. Klagen beim Verwaltungsgericht sind nur in besonderen Ausnahmefällen möglich. Versetzungszeugnisse, Abschlusszeugnisse, die Einzelnoten auf Abschlusszeugnissen, Zwischenzeugnisse, die als Bewerbungszeugnisse verwendet werden, und Prüfungsentscheidungen sind hingegen Verwaltungsakte, gegen die Widerspruch eingelegt und auch vor den Verwaltungsgerichten geklagt werden kann.

Widersprüche haben eine aufschiebende Wirkung. Ein Widerspruch gegen eine Nichtversetzung führt aber nicht zur Teilnahme am Unterricht der nächsthöheren Klasse, da der Widerspruch dann nicht nur einfach eine negative Entscheidung vorübergehend aufheben, sondern eine positive Entscheidung herbeiführen würde. Schüler, die bis zur Entscheidung über ihren Widerspruch am Unterricht der nächsthöheren Klasse teilnehmen wollen, müssen die Genehmigung bei der Schule oder der Schulaufsicht beantragen (VGH Bayern, Az.: 7 CE 12.2754).

Ist eine Note rechtswidrig, erhält der Schüler in der Regel durch die Schulaufsicht oder ein Gericht keine bessere Note, sondern der Lehrer muss erneut bewerten und entscheiden, ob er eine bessere Note erteilt, oder der Schüler darf die Prüfung wiederholen. Eine bessere Note wird durch die Schulaufsicht oder ein Gericht nur dann festgesetzt, wenn sie das einzig mögliche Ergebnis nach der Korrektur der Rechtswidrigkeit darstellt. Ist eine Prüfung zum Beispiel ab 50 Punkten bestanden, die Prüfungskommission aber davon ausgegangen, die Bestehensgrenze liege bei 55 Punkten, wird die Prüfung eines Schülers, der 50 Punkte erreicht hat, nach der rechtlichen Überprüfung für bestanden erklärt.

Verfahrens- und Formfehler, wie etwa die geringfügige Verkürzung oder Verlängerung einer Klausur- oder Prüfungsdauer, sind von vornherein unbeachtlich, wenn sie sich auf die Beurteilung nicht ausgewirkt haben können (VGH Bayern, Az.: 7 ZB 08.2277).

VERTRETBARE ANTWORT

In einer Mathematikarbeit berechnete ein Schüler, dessen Vater bei der Sparkasse arbeitet, Zinsen mit einer anderen Methode als der vom Mathematiklehrer im Unterricht vermittelten. Die Aufgabenstellung enthielt keine Vorgabe für die anzuwendende Methode.

Richtige oder vertretbare Antworten dürfen nicht als falsch bewertet werden (BVerfG, Az.: 1 BvR 419/81). Die Lösung des Schülers in dem beschriebenen Fall ist vertretbar und muss daher als richtig anerkannt werden. Der Mathematiklehrer dürfte sie nur dann als falsch werten, wenn er die Verwendung der im Unterricht vermittelten Methode ausdrücklich in der Aufgabenstellung gefordert hätte.

VORWURF DER BEFANGENHEIT

Ein besonders häufig erhobener Vorwurf lautet, ein bestimmter Lehrer könne einen bestimmten Schüler schlichtweg nicht leiden. Rechtlich gesehen handelt es sich dabei um den Vorwurf der Befangenheit.

Unter den Randbemerkungen einer Klassenarbeit fanden sich »Quatsch« und »Blödsinn«. An zwei Stellen hatte der Lehrer einen Smiley mit herabgezogenen Mundwinkeln gemalt. Bei der Rückgabe äußerte er: »Manchmal bleibt einem nichts erspart.« Der Schüler hielt die Note »mangelhaft« wegen Befangenheit des Lehrers für rechtswidrig.

Randbemerkungen stellen nur einzelne Gedanken oder Reaktionen dar; sie bilden in der Regel keine für das Gesamtergebnis tragenden Gesichtspunkte. Zur Feststellung der Befangenheit müssen sachfremde Gesichtspunkte in der Korrektur benannt werden.

Hinweise auf eine Befangenheit können sein:
- ein Abweichen von dem bei allen anderen Schülern zugrunde gelegten Bewertungsschema,
- offensichtlich unzutreffende Fehlerbewertungen oder
- inhaltsleere, willkürliche Begründungen (»Das gefällt mir eben nicht.«).

Die Befangenheit muss durch konkrete Anhaltspunkte in der Korrektur belegt werden (VG Braunschweig, Az.: 6 A 50/13). Eine drastische Ausdrucksweise allein – vor allem wenn der »Quatsch« wirklich Quatsch ist – deutet nicht auf sachfremde Erwägungen hin. Unpassende, flapsige Bemerkungen bei der Rückgabe einer Klassenarbeit oder im Unterricht (»Würde Dummheit schön machen, wärst du George Clooney.«) können durchaus zu einer Dienstaufsichtsbeschwerde führen. Sie wecken vielleicht den Verdacht der Befangenheit, belegen sie aber nicht.

Eine Schülerin wurde wegen der Note »mangelhaft« in Mathematik und Informatik nicht versetzt. Der Lehrer hatte nach einem Referat der Schülerin nicht nur vor der gesamten Klasse die Note »mangelhaft« mitgeteilt, sondern das Referat auch als »das schlechteste, das ich je gehört habe« bezeichnet.

Lehrer dürfen Schülerleistungen im Unterricht wesentlich freier und intensiver kritisieren als in einer mündlichen Prüfung. Das Verhalten des Lehrers stellt daher keinen Beleg für eine Befangenheit dar (VGH Bayern, Az.: 7 CE 09.2472).

Zwar dürfen Lehrer Schüler nicht beleidigen oder herabwürdigen, doch ist die Kommunikation zwischen Lehrern und Schülern auch keine streng formalisierte. Somit lässt sich der Charakter einer Beleidigung häufig nicht allein aus dem Wortlaut einer Äußerung, sondern nur unter Berücksichtigung des Kontextes ableiten. Die Lehreräußerung »Du erzählst Unsinn!« ist also weder strafbar noch stellt sie ein Dienstvergehen dar, wenn der Schüler sich unsinnig geäußert hat.

Ein Lehrer sagte bei der Rückgabe einer schlechten Klassenarbeit zu einer Schülerin: »Mein Tipp, konsequent weiter Geige üben, mit Bio wird's nichts mit Geldverdienen.« Die Schülerin hatte dem Lehrer in einem vorangegangenen Gespräch als Erklärung für ihre schwachen Leistungen gesagt, sie übe lieber Geige, da sie vielleicht einmal professionelle Musikerin werden wolle.

Die Wortwahl des Lehrers im beschriebenen Fall ist nicht geeignet, die Schülerin herabzuwürdigen, und er hält ihr im Wesentlichen ihre eigene Aussage zu den Gründen für ihre schlechten Leistungen vor (LAG Sachsen-Anhalt, 6 Sa 352/14).

FALSCHE NOTENMITTEILUNG

Ein Schüler wandte sich gegen die Zeugnisnote »mangelhaft«, da der Lehrer im ersten Halbjahr die schriftliche Selbsteinschätzung des Schülers mit der Note »ausreichend« abgehakt hatte. Im zweiten Halbjahr war ihm die Note »ausreichend« in Anwesenheit einer Mitschülerin mitgeteilt worden.

Bei der Festsetzung einer Zeugnisnote sind die Noten zugrunde zu legen, die der Lehrer tatsächlich vergeben will, und nicht Noten, die er unter Umständen irrtümlich mitgeteilt hat (VG Koblenz, Az.: 4 K 180/13). Eine irrtümliche Mitteilung kann kein größeres Gewicht haben als die tatsächlich erbrachte Leistung und keinen Anspruch auf eine bestimmte Note begründen, der nach den erbrachten Leistungen nicht besteht (OVG Nds, Az.: 2 ME 307/09).

Schüler können sich bei falschen Notenmitteilungen durch Lehrer nicht auf Vertrauensschutz berufen, da es hierbei nicht einfach nur darauf ankommt, ob der Schüler auf die Auskunft vertraut hat, sondern ob sein Vertrauen schutzwürdig ist. Ein Vertrauen darauf, dass der Lehrer eine den tatsächlichen Leistungen und seiner Bewertung nicht entsprechende Note erteilt, kann nicht schutzwürdig sein, da das einem Anspruch auf Erteilung einer rechtswidrigen Note gleichkäme.

KEINE GLEICHBEHANDLUNG IM UNRECHT

Eltern und Schüler dürfen von der Schule kein rechtswidriges Handeln fordern. Unrecht wird nicht zu Recht, nur weil es dem Betroffenen nützt.

Eine Englischlehrerin hatte in der Klassenarbeit einer Schülerin zwei Fehler übersehen und die Arbeit daher mit »befriedigend« bewertet. Ein Mitschüler hat, wenn man die beiden übersehenen Fehler mitrechnet, dieselbe Fehlerzahl, aber die Note »ausreichend«. Er fordert Gleichbehandlung, also ein »befriedigend«.

Schüler haben zwar einen Anspruch auf Gleichbehandlung – es gibt aber keinen Anspruch auf Gleichbehandlung im Unrecht. Die fehlerhafte Korrektur und rechtswidrige Notengebung bei einem Schüler – die Note »befriedigend« für die Klassenarbeit der Schülerin ist rechtswidrig, auch wenn die Schülerin durch sie nicht benachteiligt, sondern bevorzugt wird – kann keine Verpflichtung des Lehrers auslösen, auch andere Arbeiten rechtswidrig zu beurteilen.

PRÜFER OHNE SIGNALWIRKUNG

Ein Schüler, der die mündliche Abiturprüfung nicht bestanden hatte, trug vor, die Prüfer hätten ihm kein ausreichendes Feedback gegeben, um zu signalisieren, ob seine Antworten in die richtige Richtung gingen. Das Protokoll der Prüfung sei auch nach einer Ergänzung durch die Protokollantin mangelhaft. Er habe 0 Punkte erhalten, obwohl er auch zutreffende Antworten gegeben habe.

Bei einer Prüfung bedeutet es keinen pädagogischen Mangel, wenn dem Schüler während der Prüfung nicht signalisiert wird, dass seine Antworten falsch sind. Das Protokoll einer mündlichen Prüfung kann zunächst nur stichwortartig und mit Abkürzungen erstellt und erst später in die Form eines allgemein verständlichen Textes gebracht werden. Der Umfang der Verpflichtung zur Dokumentation einer mündlichen Prüfung hängt vom Vorbringen des Prüflings ab. Ein Protokoll kann durch eine nachgereichte Stellungnahme des Protokollanten ergänzt werden. Fragen und Antworten einer mündlichen

Abiturprüfung müssen lediglich thematisch skizziert werden (OVG Bremen, Az.: 2 B 117/09).

Eine Bewertung einer mündlichen Abiturprüfung mit 0 Punkten ist nicht schon dann ausgeschlossen, wenn »auch« zutreffende Antworten gegeben wurden, sondern erst dann, wenn der Prüfling mehrere Prüfungsfragen zumindest im Wesentlichen nicht richtig beantworten konnte.

Positive Aspekte einer Arbeit stehen einem negativen Gesamturteil nur entgegen, wenn sie für die Annahme sprechen, die Prüfungsleistung widerspreche der Notendefinition.

BEGRÜNDETE NOTENBESCHWERDE

Die Eltern eines nicht versetzten Schülers legten Widerspruch ein, den sie mit dem Satz begründeten, die Note »mangelhaft« im Fach Deutsch sei ungerecht und müsse daher überprüft und in »ausreichend« geändert werden.

Eltern und Schüler dürfen sich bei ihren Einwänden gegen Noten nicht auf inhaltsleere Äußerungen, zum Beispiel dass die Note ungerecht sei oder der Lehrer sie nicht leiden könne, beschränken. Sie müssen konkrete Hinweise auf die mögliche Rechtswidrigkeit der Note geben. Eine Notenbeschwerde oder ein Widerspruch muss selbstverständlich substantiierte Einwendungen gegen die Bewertung enthalten. Es ist nicht die Aufgabe der Schulen, Schulaufsichtsbehörden und Gerichte, ohne jeden Hinweis auf rechtliche Bedenken nach Fehlern zu suchen.

Ein inhaltsleerer Widerspruch kann eingelegt werden, um die Widerspruchsfrist einzuhalten. Die Schule wird dann eine Frist von üblicherweise zwei Wochen für das Nachreichen der Begründung setzen. Die Schule muss auf die erhobenen konkreten Einwände eingehen und die gesamte Notengebung auf Rechtmäßigkeit und Zweckmäßigkeit prüfen.

Verweigern Eltern und Schüler jeden Hinweis auf eine mögliche Rechtswidrigkeit, kann die Schule den Widerspruch ebenso substanzlos »nach erneuter Prüfung der Sach- und Rechtslage« zurückweisen.

Die Rechtsprechung sieht die Begründung als Voraussetzung für ein Überdenken der Entscheidung durch die Schule an. Es gibt keine Verpflichtung der Lehrer, ihre Leistungsbeurteilung zu überprüfen und ausführlich zu begründen, wenn ein Schüler nur eine bessere Note einfordert, indem er etwa pauschal eine zu strenge Korrektur bemängelt und hofft, der Lehrer werde bei einer erneuten Korrektur schon irgendwie zu einem besseren Ergebnis kommen. Nur wenn der Schüler konkret und nachvollziehbar bestimmte Korrekturbemerkungen und Bewertungen angreift, ist der Lehrer zu einer erneuten Korrektur und Stellungnahme verpflichtet (VGH Baden-Württemberg, Az.: 9 S 2312/93).

Schule und Schulaufsicht sind trotzdem zur Überprüfung der Entscheidung verpflichtet, können sich dabei aber auf die vorliegenden Akten und gegebenenfalls ein Gespräch mit der Schulleitung oder eine kurze Beratung in einer Konferenz beschränken. Die gesetzlich vorgeschriebene schriftliche Begründung der Entscheidung über den Widerspruch wird kurz ausfallen und zum Beispiel knapp auf die tatsächlichen und rechtlichen Grundlagen der Entscheidung, die Bestätigung der Bewertung durch die zuständige Person, Konferenz oder Prüfungskommission und korrekte Verfahrensabläufe hinweisen, wenn keine offensichtlichen Fehler vorliegen.

ZUSAMMENFASSUNG: WAS LEHRER DÜRFEN

- von jedem Schüler unabhängig von dessen Noten die Beteiligung am Unterricht verlangen
- außerschulische Leistungen ignorieren
- persönliche Umstände der Schüler bei der Leistungsbewertung außer Acht lassen
- von Schülern angebotene Leistungen im Einzelfall ablehnen
- das Nachschreiben einer vom Lehrer verlorenen Klassenarbeit fordern
- Vorgaben für die Art der Darstellung machen und diese beurteilen
- Inhalte von Hausaufgaben im Unterricht abfragen und bewerten
- Schüler wegen häufig nicht gemachter Hausaufgaben nachsitzen lassen
- Noten vor einer Lerngruppe bekanntgeben (umstritten)
- Prüfungszeiten in einem gewissen Rahmen unter- oder überschreiten
- bei Leistungsschwächen einen Nachteilsausgleich verweigern
- Notenschutz nur bei ausdrücklicher gesetzlicher Grundlage gewähren
- bei Dyskalkulie Nachteilsausgleich und Notenschutz verweigern
- ärztliche Vorgaben nicht-medizinischer Art für pädagogisches Handeln ignorieren
- eine Prüfungsunfähigkeit anerkennen oder festlegen, ob sie durch ein ärztliches oder amtsärztliches Attest zu belegen ist
- einem Schüler, der sich auf Prüfungsunfähigkeit beruft, nach Kenntnisnahme von der Aufgabenstellung die Beendigung der Prüfung verweigern
- verspätet eingereichte Entschuldigungen und Atteste ablehnen

- den bloßen Nachweis über einen Arztbesuch als Attest ablehnen
- Regelverstöße bei Leistungskontrollen als Leistungsverweigerung werten
- eine Täuschung aufgrund eines Anscheinsbeweises als erwiesen ansehen
- auswendig gelernte Texte als Leistung ablehnen
- eine Nachschreibearbeit stellen, die der versäumten Arbeit nicht vollständig entspricht
- Nachschreibetermine auf einen Samstag legen
- viele Verfahrens- und Formfehler beheben oder für unwichtig halten
- von ihrem Bewertungsspielraum Gebrauch machen
- schematische Ab- und Aufrundungen von Noten ablehnen
- die Rechtswidrigkeit einer Note korrigieren, ohne in jedem Fall die Note verbessern zu müssen.
- auf eine umfangreiche Notendokumentation verzichten
- eine Leistung anders bewerten als andere Lehrer
- bei einem Widerspruch gegen eine Nichtversetzung die vorläufige Teilnahme am Unterricht der nächsthöheren Klasse verweigern
- auch emotional oder ironisch formulieren, ohne den Vorwurf der Befangenheit fürchten zu müssen
- eine andere als die den Schülern und Eltern mitgeteilte Note erteilen
- die Begründung einer Beschwerde und eines Widerspruchs fordern

5 AUSEINANDERSETZUNGEN UND DEREN FOLGEN

Eine Schulgemeinschaft kann nur entstehen, wenn die vielen Individual- und Gruppen-Egos sich zurücknehmen. Ist diese Gemeinschaft noch nicht erreicht oder nicht erreichbar, gehören zu den Mindestvoraussetzungen des Zusammenlebens Toleranz gegenüber den von der Mehrheitsmeinung und dem Mehrheitsverhalten abweichenden Auffassungen, die Begrenzung individueller Ansprüche, Kompromissbereitschaft und der Wille zur friedlichen Konfliktlösung sowie der Förderung des Allgemeinwohls. Das klingt sehr abstrakt, wird aber im Schulalltag schnell konkret, denn nicht immer läuft das Miteinander im Schulalltag reibungslos.

UNMUTSÄUSSERUNGEN, BELEIDIGUNGEN UND FALSCHE ANSCHULDIGUNGEN

Schüler dürfen ihre Unzufriedenheit mit den unterrichtenden Lehrern nur in angemessener Weise zum Ausdruck bringen.

Ein Schüler einer 7. Klasse schrieb während des Unterrichts die Worte »Man sollte Frau L töten« auf seinen Tisch. Sein Banknach-

bar las die Worte laut vor. Gegen den daraufhin erteilten schriftli-
chen Verweis wandte der Schüler erfolglos ein, es sei nicht berück-
sichtigt worden, dass er durch die konkrete Unterrichtssituation
zum Abfassen des Textes herausgefordert worden sei.

Eine derart milde Reaktion der Schule setzt eine einmalige und nicht
ernst gemeinte Drohung voraus (VG Berlin, Az.: 3 A 535.07). Ernst
zu nehmende Drohungen gegenüber Lehrern ziehen – wie etwa die
Drohung eines Schülers, er würde einen Stein von einer Autobahn-
brücke auf das Auto des Lehrers werfen – die sofortige Entlassung
von der Schule nach sich.

In den meisten Fällen weniger gravierend, aber ebenfalls nicht zu
dulden, sind Beleidigungen. Ein mehrtägiger Unterrichtsausschluss
ist in solchen Fällen zweifellos eine verhältnismäßige Reaktion (VG
Aachen, Az.: 9 K 1439/09).

Derartige Verunglimpfungen werden noch übertroffen von Lügen, die Lehrern strafbares Verhalten unterstellen, das zu disziplina-
rischen Ermittlungen und einer Entfernung aus dem Dienst führen
kann.

Ein Schüler beschuldigte vorsätzlich wider besseres Wissen seinen
Sportlehrer, ihn bei Hilfestellungen an den Genitalien berührt
zu haben und generell zu sexuellen Übergriffen zu neigen. Er
hielt diese Lügen trotz mehrfacher Befragungen in der Schule und
durch die Schulaufsicht lange Zeit aufrecht. Der Schüler wurde
von der Schule verwiesen (VG Hannover, Az.: 6 B 2226/98).

Zusätzlich zu einer Ordnungsmaßnahme können Lehrer auf Lügen,
die ihnen strafbares Verhalten unterstellen, ihrerseits mit einer Strafanzeige gegen den Schüler reagieren. Erfundene sexuelle Übergriffe
fügen nicht nur Lehrern schweren Schaden zu, sondern schädigen
auch von sexuellem Missbrauch betroffene Schüler, da sie Zweifel an
Schüleraussagen nähren.

Nachdem ein Schüler behauptet hatte, im Haar eines Mitschülers befänden sich Läuse, kam es zu einer wechselseitigen körperlichen Auseinandersetzung. Beide Schüler erhielten einen schriftlichen Verweis. Der Schüler, der die Läusebemerkung gemacht hatte, erklärte, er habe sich nur verteidigt.

Beide Schüler waren verpflichtet, eine Eskalation zu vermeiden. Das galt in besonderem Maße für den Schüler, der den anderen zuvor beleidigt hatte. Schüler sind verpflichtet, dem schulischen Erziehungsauftrag entsprechend Konflikte möglichst vernünftig und gewaltfrei zu lösen und ohne Gewaltanwendung auszutragen (VG Berlin, Az.: 3 K 320.13). Notwehr ist nur zulässig, wenn ein Angriff anders nicht beendet oder abgewehrt werden kann.

UNANGEMESSENE BILD- UND TONAUFNAHMEN

Heimliche Bild- und Tonaufnahmen von Lehrern im Unterricht verletzen das Persönlichkeitsrecht der Lehrer und können strafbar sein. Sie untergraben zudem das Vertrauensverhältnis und den unvoreingenommenen Umgang miteinander. Anlass für eine Entlassung von der Schule können sie insbesondere sein, wenn solche Aufnahmen in beleidigender oder diffamierender Absicht manipuliert und verbreitet werden.

Ein Schüler einer 8. Klasse schnitt eine 15-minütige Aufnahme mit seinem Smartphone, welche die unterrichtende Lehrerin zeigte, zu einem kurzen Video zusammen, das die »lustigen« Szenen enthielt, vor allem eine Szene, in der die Lehrerin eine Armbewegung machte, die als Hitlergruß missverstanden werden konnte. Diesen manipulierten Zusammenschnitt verbreitete er im An-

schluss in der Schülerschaft. Der Schüler wurde von der Schule entlassen.

Nicht nur durch Schnitt oder Ton manipulierte Aufnahmen sind verboten, sondern jedwede Verbreitung von Bild- oder Tonaufnahmen aus dem Unterricht (OVG Sachsen, Az.: 2 B 214/08).

Ein Schüler nahm im Unterricht ein Video auf, das seine Lehrerin zeigte, die einen anderen Schüler laut und heftig maßregelte, und verbreitete es im Internet. Er wurde daraufhin in die parallele Klasse überwiesen.

Der Schüler verletzte das Recht der Lehrerin am eigenen Bild sowie ihre Persönlichkeitsrechte. Zudem gab er sie durch die Veröffentlichung der aus dem Zusammenhang gerissenen Zurechtweisung der Lächerlichkeit preis. Für die Überweisung in die parallele Klasse spricht nicht nur der Schutz der Lehrerin vor der weiteren Unterrichtung eines Schülers, der ihre Rechte schwerwiegend verletzt hat und zu dem sie keinerlei Vertrauen mehr haben wird, sondern auch die Wirkung der Ordnungsmaßnahme auf die Mitschüler, die davon abgehalten werden müssen, sich mit versteckter Kamera zu betätigen (OVG Nordrhein-Westfalen, Az.: 19 B 985/14).

NÖTIGUNG UND BEDROHUNG

Bedrohungen und Nötigungen beeinträchtigen den Bildungs- und Erziehungsauftrag der Schule und das Recht der Schüler auf eine sichere und angstfreie Lernumgebung.

Ein Schüler bedrohte einen Mitschüler mit einem Messer, dessen Klinge 8 Zentimeter lang war, und zwang ihn, den Klassenraum zu verlassen. Diese Tat zog die Entlassung von der Schule nach sich (VGH Bayern, Az.: 7 CS 12.451).

Eine der übelsten Formen der Bedrohung ist die häufig nicht ernst gemeinte, aber von den Betroffenen für ernst gehaltene Drohung mit einem Amoklauf:

- *Zwei Schüler verbreiteten ein Video, in dem sie maskiert waren, Softairwaffen trugen und 200.000 Euro forderten. Sollte das Geld nicht gezahlt werden, würden Schüler sterben. Sie wurden von der Schule entlassen (VGH Bayern, Az.: 7 CS 09.1347).*
- *Ein als gewalttätig bekannter Schüler äußerte einer Mitschülerin gegenüber: »Einige stehen ganz oben auf der Liste, und ich habe kein Problem, sie zu töten.« Er wurde von der Schule entlassen (VG Stade, Az.: 3 B 1550).*
- *Ein Schüler schrieb in einem von 30 Schülern zu lesenden Chat: »Ey, wollen wir das machen, was wir schon seit 'nem Monat planen? Ich hab echt kein' Bock mehr, ist echt genial, wenn die Schüler alle schön weglaufen und du mit 'ner Knarre hinter denen! Die werden sich wundern! Kommt nur zur Schule!« Er wurde von der Schule entlassen (OVG Nds, Az.: 2 ME 444/09).*

Die Rechtsprechung ist bei Amoklaufdrohungen kaum bereit, mildernde Umstände gelten zu lassen.

POTENZIELLE GEFAHR

Ein zu Aggressivität neigender und nur eingeschränkt zu sozialer Interaktion fähiger Schüler eines sonderpädagogischen Förderzentrums schrieb in der Schule auf ein Blatt Papier: »Ich erschlage euch aus purer Gewalt, das Spiel ist aus, ich schieb 'nen Hass auf euch, ich

hol mir eine MP4, dann ist das Klassenzimmer rot und du bist tot.
Reißt euch zusammen, denn ich werd gleich zum Eisenstahl. Dann
bist du still. Ich schlitz dich auf wie die Katze die kleine Maus.«

Der Ausschluss des Schülers vom Schulbesuch mit sofortiger Wirkung bis zur kinder- und jugendpsychiatrischen Abklärung eines etwaigen Gefahrenpotenzials war rechtmäßig, obwohl der Text sich als Zitat aus einem sogenannten Lied erwies. Macht sich ein Schüler gewaltverherrlichende Liedtexte zu eigen, schließt das eine Gefahr keineswegs aus. Der Schulausschluss dient dem Schutz potenziell betroffener Schüler und Lehrkräfte, wenn aufgrund des Verhaltens des Schülers ein Amoklauf nicht völlig ausgeschlossen erscheint (VGH Bayern, Az.: 7 C 09.2870).

VERWEIS VON DER GRUNDSCHULE

Ein Grundschüler störte im ersten und zweiten Schuljahr häufig den Unterricht. Er provozierte, beleidigte, bespuckte und schlug Mitschüler. Die Eltern verweigerten die Zusammenarbeit mit der Schule. Der Schüler wurde von der Schule entlassen und einer anderen Grundschule zugewiesen, die in der 3. Klasse lediglich 16 Schüler hatte und deren Klassenlehrer über eine Zusatzqualifikation für den Umgang mit verhaltensauffälligen Schülern verfügte.

Bei Grundschülern kommt die Entlassung von der Schule mit der Zuweisung an eine andere Schule nur in besonderen Ausnahmefällen in Betracht. Die Verweisung war in diesem Fall wegen des schweren und wiederholten Fehlverhaltens, der Uneinsichtigkeit der Eltern und der besseren Bedingungen an der anderen Schule für den Umgang mit den Verhaltensauffälligkeiten rechtmäßig (VGH Bayern, Az.: 7 CS 12.2187).

Schlösse ein festgestellter Förderbedarf Ordnungsmaßnahmen aus, könnte die Schule weder Schüler noch Lehrer schützen, die schulische Ordnung nicht sichern und ihren Erziehungsauftrag nicht erfüllen. Der Förderbedarf ist aber bei der Prüfung der Verhältnismäßigkeit einer beabsichtigten Ordnungsmaßnahme zu berücksichtigen.

SACHBESCHÄDIGUNG

BESCHÄDIGUNG ODER VERLUST VON SCHÜLEREIGENTUM

Schüler müssen sich in vielen Situationen des Schullebens mit weniger oder weniger weitreichenden Ansprüchen begnügen, als sie erwartet haben. Ursache dieser Fehleinschätzungen ist aber nicht einfach eine unzureichende Kenntnis der Rechtslage, sondern eine gesellschaftliche Entwicklung, die wenig von Sachgerechtigkeit, der Gerechtigkeit des Rechts und dem Gemeinwohl, aber sehr viel von Kurzschlüssen sowie dem Anspruchsdenken von Individuen und Gruppen hält. Das macht sich im Kleinen unter anderem bei überzogenen Anforderungen an die Aufsichtspflicht sowie unbegründeten Schmerzensgeld- und Schadensersatzforderungen bemerkbar.

Werden Kleidungsstücke, die an der Garderobe aufgehängt, oder Fahrräder, die auf dem Schulgrundstück abgestellt wurden, gestohlen, haftet der Schulträger nur sehr eingeschränkt. Das Vertrauen auf eine Haftpflicht des Schädigers erweist sich häufig beim Schädiger und leider auch beim Geschädigten als unbegründet, da keine private Haftpflichtversicherung für einen vorsätzlich verursachten Schaden aufkommt.

AUFBEWAHRUNG VON WERTGEGENSTÄNDEN

Lehrer sind nicht verpflichtet, Schülern eine besondere Aufbewahrung ihrer Wertgegenstände, zum Beispiel in einer Tasche in der Turnhalle oder in der Umkleidekabine der Lehrer, anzubieten, da diese Gegenstände auf eigenes Risiko mit zum Unterricht gebracht werden. Bietet ein Lehrer aber an, die Wertgegenstände der Schüler aufzubewahren, oder fordert er die Schüler sogar ausdrücklich auf, ihm die Gegenstände zur Aufbewahrung zu übergeben, trifft ihn eine Verpflichtung zur sorgfältigen Aufbewahrung.

Eine Tasche oder ein Körbchen, die in der Turnhalle stehen, sind sichere Aufbewahrungsorte, da sie von dem Lehrer und den Schülern jederzeit beobachtet werden können, in der Halle nur die Schüler der Klasse anwesend sind und Dritten kein ungehinderter Zugang möglich ist. Der Lehrer muss daher die Tasche oder das Körbchen weder einschließen noch ständig im Auge behalten (LG Wuppertal, Az.: 16 O 56/07). Bei einer solchen Sammelaufbewahrung sind Lehrer nicht verpflichtet, die Wertgegenstände selbst in das Behältnis zu legen oder einzeln herauszunehmen und den Schülern auszuhändigen.

Ist unklar, ob ein Smartphone oder ein anderer Wertgegenstand überhaupt abgegeben wurde, geht das zulasten des Schülers; er steht in der Beweispflicht. Zudem trägt der Schüler die Beweispflicht für den unbeschädigten Zustand vor der Abgabe. Ein Schadensersatzanspruch wegen einer Beschädigung kann wegen eines Mitverschuldens gemindert werden, wenn der Schüler das Smartphone beispielsweise nicht durch eine Hülle geschützt hat.

DIEBSTAHL VON WERTGEGENSTÄNDEN

Wird ein Mobiltelefon bei der Wegnahme oder der Aufbewahrung in der Schule beschädigt oder gar gestohlen, dürfen Schüler nicht den Anschaffungswert eines neuen Gerätes als Schadensersatz erwarten. Selbst wenn ein Verschulden der Schule vorliegt, weil es beispielsweise bei einem Einbruchsdiebstahl an einer sicheren Aufbewahrung fehlt, wird der Schadensersatzanspruch auf den Zeitwert des Geräts reduziert und häufig wegen eines Mitverschuldens des Schülers, der ein besonders teures Gerät mit in die Schule gebracht hat, gekürzt. Gleiches gilt für andere Wertgegenstände.

Unbekannte Täter entwendeten eine zur Konfirmation geschenk-
te Armbanduhr im Wert von 1.048 Euro sowie ein 679 Euro
teures iPhone eines Schülers aus der Umkleidekabine während
des Sportunterrichts. Auch Gegenstände anderer Schüler wurden
gestohlen. Der Sportlehrer hatte vergessen, die Umkleidekabine
für die Zeit des Sportunterrichts abzuschließen.

Das Abschließen zu vergessen ist auf jeden Fall fahrlässig. Das Land als Dienstherr der Lehrer haftet, wenn Lehrer die Beschädigung selbst herbeigeführt haben oder mit zumutbaren Mitteln – wie dem Abschließen der Umkleidekabine – hätten verhindern können. Ein Rückgriff des Landes beim Lehrer setzt grob fahrlässiges Handeln voraus. Es hängt von den Gründen für das Vergessen ab, ob Fahrlässigkeit oder grobe Fahrlässigkeit vorliegt.

Das Landgericht Hamburg verurteilte in dem beschriebenen Fall das Land zum Ersatz einer Armbanduhr »mittlerer Art und Güte« im Wert von 100 Euro, da dem Schüler klar gewesen sei, dass er Sportunterricht haben würde und hierbei seine Armbanduhr nicht tragen konnte, und sie demzufolge – wenn er sie nicht in die Sporthalle mitnehmen oder beim Sportlehrer in Verwahrung geben wollte oder konnte – in der Umkleidekabine würde zurücklassen müssen (LG Hamburg, Az.: 303 O 39/14). Weiterhin sei klar, dass in einer Umkleidekabine Gegenstände schon allein deswegen nicht vollständig sicher verwahrt werden können, weil sämtliche Mitschüler Zugang zu dieser Kabine haben. Mit der Gefahr eines Einbruchs in die Umkleidekabine während des Sportunterrichts sei zu rechnen, weil ein solcher Raum, in dem sich Uhren, Handys und sonstige persönliche Gegenstände mehrerer Schüler befinden, für potenzielle Diebe ein lohnendes Ziel sei. Wenn der Schüler vor diesem Hintergrund seine wertvolle Armbanduhr an Tagen mit Sportunterricht in die Schule mitnehme und in der Umkleidekabine zurücklasse, treffe ihn hinsichtlich der Höhe des eingetretenen Schadens ein erhebliches Mitverschulden.

Das Gericht hielt es zudem für gerechtfertigt, dem Schüler lediglich die Hälfte des Werts seines iPhones zu ersetzen, da dieser sich darüber im Klaren sein musste, dass ein Smartphone ein bevorzugtes Ziel für Diebe ist. Zudem war es nach Auffassung des Gerichts in keiner Weise erforderlich, ein Mobiltelefon, noch dazu ein teures Smartphone, mit in die Schule zu nehmen. Etwaige dringende Telefonate wegen plötzlicher Erkrankungen oder Ähnlichem könnten über das Schulsekretariat erledigt werden; im Unterricht sei das Verwenden von Mobiltelefonen ohnehin nicht gestattet. Die Üblichkeit der Mitnahme von Smartphones ändere nichts daran, dass Schüler mit dafür verantwortlich seien, Schäden an ihren Gegenständen zu vermeiden oder wenigstens klein zu halten.

Bei einem Verlust von 1.727 Euro erhielt der Schüler in diesem Fall also nur 439,50 Euro Schadensersatz. Bei einer Abwägung der jeweiligen Verursachungsbeiträge – Unterlassen des Abschließens der Umkleidekabine einerseits und unnötiges Mitführen teurer Wertgegenstände an Tagen mit Sportunterricht andererseits – hielt das Gericht die Anrechnung eines 50-prozentigen Mitverschuldens für gerechtfertigt.

Ist die Umkleidekabine während des Sportunterrichts verschlossen und es fehlen danach Wertgegenstände oder Bargeld, obwohl die Umkleidekabine nicht aufgebrochen wurde, kann es sich nur um Diebstähle handeln, die von Schülern der Klasse begangen wurden. Hierfür haften weder das Land noch der Schulträger oder der Lehrer, da derartige Diebstähle nicht verhindert werden können. Die ständige Anwesenheit und Aufsicht durch Lehrer in der Umkleidekabine ist nicht nur unmöglich, sondern auch unzulässig.

BESCHÄDIGUNG VON SCHULEIGENTUM

Wird das Eigentum des Schulträgers geschädigt, ist häufig Zurückhaltung aus betriebswirtschaftlichen Gründen bei der Durchsetzung von Ansprüchen gegen Schüler zu beobachten, die Tische beschädigt, Wände beschmiert oder Türen zerstört haben, da die Durchsetzung seiner Ansprüche den Schulträger mehr Geld kosten, als ihm der Schadensersatz einbringen würde.

Würden die Schulträger ihre Schadensersatzansprüche jedoch konsequent durchsetzen, könnten viele weitere Schäden vermieden, die Schüler zur Eigenverantwortung erzogen und eine angenehme Lernumgebung bewahrt werden.

Die erzieherische Wirkung der Schadensersatzforderungen wird noch durch die fehlende Zahlungsverpflichtung einer privaten Haftpflichtversicherung verstärkt: Haftpflichtversicherungen zahlen allenfalls aus Kulanz, da die Eltern ihre Aufsichtspflicht nicht verletzt haben können und der Versicherungsträger bei vorsätzlichem oder grob fahrlässigem Handeln nicht zur Zahlung verpflichtet ist.

BESCHÄDIGUNG VON EIGENTUM DER MITSCHÜLER

Schädigen oder zerstören Schüler in der Schule das Eigentum ihrer Mitschüler, ist es nicht entscheidend, ob sie dies vorsätzlich oder fahrlässig getan haben. Sie haften in jedem Fall für die beschädigte Schultasche, den zerbrochenen Kugelschreiber oder das zerstörte Smartphone. Die geschädigten Schüler dürfen aber nicht erwarten, dass die Schule ihre Ansprüche gegen Mitschüler durchsetzt, da der Schule die rechtlichen Grundlagen fehlen, um die Höhe der Schadensersatzansprüche festzusetzen und den Schädiger zur Zahlung zu zwingen. Lehrer können geschädigte Schüler aber auf ihre zivilrechtlichen Schadensersatzansprüche hinweisen und auch aus erzieherischen Gründen ermutigen, Schadensersatz zu fordern.

Sollte ein Schüler nicht versehentlich, sondern vorsätzlich das Eigentum eines Mitschülers beschädigt oder zerstört haben, kann die Schule aber erzieherische Einwirkungen oder Ordnungsmaßnahmen ergreifen, weil die vorsätzliche Schädigung eines Mitschülers gegen die schulische Ordnung verstößt. Die Schule wird dabei eine Entschuldigung und die Leistung von Schadensersatz berücksichtigen und kann so indirekt einen gewissen Druck auf den Täter ausüben.

Kennt ein Schüler den Namen des Mitschülers, der ihn geschädigt hat, nicht, darf die Schule ihm diesen Namen mitteilen. Der Täter kann diese Mitteilung nicht unter Berufung auf den Datenschutz verhindern, da der Geschädigte sein berechtigtes und rechtlich geschütztes Interesse an Schadensersatz, ohne Kenntnis des Namens und der Adresse nicht durchsetzen könnte und ihm andere Wege der Ermittlung, wie etwa die Verfolgung des Mitschülers auf dem Weg nach Hause oder die Befragung anderer Schüler, in der Regel nicht zumutbar sein werden (VG Gelsenkirchen, Az.: 4 K 867/90).

KÖRPERVERLETZUNG UND SCHMERZENSGELDANSPRUCH

Einen weitreichenden Schutz gegen Schmerzensgeldansprüche genießen Schüler, die Mitschüler verletzt haben, und Lehrer, die durch die Verletzung ihrer Aufsichtspflicht die Verletzung eines Schülers verursacht haben, durch die gesetzliche Unfallversicherung. Die gesetzliche Unfallversicherung schließt Schmerzensgeldansprüche gegen einen der Schule angehörenden Schädiger aus, um Prozesse zwischen Schülern sowie Lehrern und Schülern im Interesse des Schulfriedens zu vermeiden.

Bei einer vorsätzlichen Schädigung besteht allerdings ein Schmerzensgeldanspruch, doch das setzt voraus, dass der Schädiger sein Handeln gewollt und die Konsequenzen seines Handelns zumindest billigend in Kauf genommen hat. »Billigend in Kauf nehmen« bedeutet, er hat sich die zu erwartenden Folgen im Wesentlichen vorgestellt und akzeptiert. Diese Anforderung erfüllen Schüler jedoch nur selten, da die Gerichte davon ausgehen, dass Schüler sich in der Regel erhebliche Verletzungen anderer Schüler weder vorstellen noch diese billigen. Macht ein Schüler sich keine Gedanken über die möglichen Folgen seines Handelns, fehlt der sogenannte bedingte Verletzungsvorsatz. Bei Lehrern, die ihre Aufsichtspflicht verletzen, kann nicht angenommen werden, dass sie die Schädigung eines Schülers billigend in Kauf nehmen. Sie dürften im Gegenteil davon ausgehen und darauf hoffen, dass nichts passiert.

Die körperliche Unversehrtheit der Mitschüler wird nur selten durch Schüler in der Absicht verletzt, ihnen schwerwiegenden Schaden zuzufügen. Schubsen, ein Bein stellen oder das Hantieren mit gefährlichen Gegenständen gehören zum Verhalten von Schülern, das die Schule zwar verhindern müsste, aber nicht immer verhindern kann.

Eine Schülerin erlitt eine schwere Augenverletzung, als ein Mitschüler in der Pause mit einem langen Lehrerlineal herumfuchtelte und sie damit am Auge traf.

In diesem Fall bekommt die verletzte Schülerin kein Schmerzensgeld von ihrem Mitschüler, da dieser sie nicht ernsthaft verletzen wollte. Schüler dürfen aber nicht darauf vertrauen, niemals Schadensersatz leisten oder Schmerzensgeld bezahlen zu müssen. Haben sie die Folgen ihres Handelns gewollt oder zumindest billigend in Kauf genommen, haften sie unmittelbar.

PROVOKATION

Ein 14-jähriger Schüler, der sich von einem Mitschüler provoziert fühlte, schlug diesem zweimal gegen das rechte Auge. Das Opfer erlitt eine schwere Gehirnerschütterung, eine Orbitabodenfraktur und ein ausgeprägtes Hämatom am rechten Auge. Der verletzte Schüler musste wegen eines eingeklemmten Augenmuskels operiert und stationär behandelt werden. Er machte geltend, seit dem Vorfall unter Doppelbildern, Einschlafstörungen und Kopfschmerzen zu leiden, und forderte vom Täter ein Schmerzensgeld in Höhe von 20.000 Euro.

Der Täter musste statt der vom Opfer geforderten 20.000 Euro nur 1.000 Euro zahlen. Das Gericht (OLG Hamm, Az.: 26 U 31/13) begründete den im Vergleich zur geforderten Summe geringen Betrag damit, dass der Täter die tatsächlich eingetretenen schweren Folgen weder beabsichtigt noch für möglich gehalten habe. Er habe jedoch das blaue Auge und die Gehirnerschütterung zumindest billigend in Kauf genommen. Die Höhe des Schmerzensgeldes dürfe sich daher nur an diesen beiden Folgen orientieren.

Ein Schüler, der nach heftigen wechselseitigen Beleidigungen mit einem Besenstiel auf seinen Mitschüler einschlug und ihm an Armen und Beinen Blutergüsse zufügte, musste Schadensersatz und Schmerzensgeld an das Opfer zahlen. Es ist davon auszugehen, dass ein Schüler, der einem Mitschüler mit einem Besenstiel auf Arme und Beine schlägt, Blutergüsse beabsichtigt oder doch auf jeden Fall billigt.

Lehrer können Schüler, die einen Schmerzensgeldanspruch gegen Mitschüler haben, die sie vorsätzlich verletzt und dabei eine Schädigung billigend in Kauf genommen haben, auf diesen Anspruch hinweisen. Sie müssen dabei aber bedenken, dass die Rechtsprechung davon ausgeht, Schüler nähmen normalerweise keine erheblichen Verletzungen von Mitschülern billigend in Kauf, und es damit Verletzten nicht leicht macht, einen Schmerzensgeldanspruch durchzusetzen.

HINWEIS AUF SCHMERZENSGELD- ODER SCHADENSERSATZANSPRÜCHE

Lehrer dürfen Schüler auf bestehende Schmerzensgeld- und Schadensersatzansprüche hinweisen, da es sich – wenn auch oft in erzieherischer Absicht – lediglich um einen sachlichen Hinweis auf die Rechtslage handelt.

Die gesetzliche Unfallversicherung braucht einen derartigen Hinweis auf die Rechtslage sicherlich nicht, es wäre aber durchaus im Einzelfall wünschenswert, wenn sie auch die erzieherische Dimension ihrer Entscheidungen berücksichtigen würde. Bei einem grob fahrlässigen oder vorsätzlichen Handeln des Schädigers kommt die gesetzliche Unfallversicherung für den Schaden auf, kann aber beim Schadensverursacher Rückgriff nehmen. Für die Unfallversicherung ist diese Rückforderung vorrangig ein betriebswirtschaftlicher Vorgang. Sie kalkuliert die Schadenssumme, die vermuteten Vermögensverhältnisse des Schädigers, die Kosten der Durchsetzung ihrer Ansprüche und ihr Prozessrisiko. Dabei bleiben leider aus Sicht des Verletzten, zukünftiger Opfer und des schulischen Erziehungsauftrags zentrale Gesichtspunkte häufig unberücksichtigt: die erzieherische Wirkung auf den Täter, die Genugtuung für den Verletzten sowie das Signal an alle Schüler, für angerichtete Schäden aufkommen zu müssen.

AUFSICHTSPFLICHT UND SCHADENSERSATZ

Eine Verletzung der Aufsichtspflicht durch Lehrer entbindet Schüler nicht von ihrer Schadensersatzpflicht. Ein Schüler, der das Eigentum eines anderen beschädigt oder zerstört hat, kann demnach einen Schadensersatzanspruch nicht mit dem Argument zurückweisen, er hätte den Schaden nicht angerichtet, wenn der Lehrer seine Aufsichtspflicht erfüllt hätte. Diese Haltung ist nicht nur rechtlich falsch, da die Pflichtverletzung des Lehrers nichts an der vorsätzlichen Sachbeschädigung als Schadensursache ändert, sondern sie offenbart auch ein seltsames Verständnis von Verantwortung und der Bereitschaft, sich an Regeln zu halten. Die Schule müsste darauf erzieherisch – je nach Ausmaß des Schadens und der Uneinsichtigkeit des Schülers auch mit einer Ordnungsmaßnahme – reagieren. Was würde man von einem Ladendieb halten, der erklärte, die Ursache für seine Tat seien die Abwesenheit eines Ladendetektivs und die Unaufmerksamkeit der Verkäuferinnen?

Verletzen Lehrer ihre Aufsichtspflicht, haften sie nicht, wenn sie nur fahrlässig ihre Pflichten verletzt haben.

Zwei Schüler laufen in der Pause auf dem Schulhof wild herum. Die Lehrerin greift nicht ein. Einer der Schüler prallt schließlich mit einer unbeteiligten Schülerin zusammen. Sie stürzt und bricht sich den Arm. Die verletzte Schülerin kann von der Lehrerin kein Schmerzensgeld fordern, da diese eine Verletzung von Schülern nicht billigend in Kauf genommen hat.

Bei grober Fahrlässigkeit kann der Dienstherr, also das Land, oder die gesetzliche Unfallversicherung Rückgriff nehmen. Es sind kaum Fälle vorstellbar, in denen ein Schüler einen Schmerzensgeldanspruch gegen einen Lehrer wegen einer Aufsichtspflichtverletzung geltend machen könnte, da dann Vorsatz hinsichtlich der Aufsichtspflichtverletzung vorliegen müsste – ein durchaus denkbarer Fall –, und der Lehrer die Verletzung hätte billigend in Kauf nehmen müssen – ein nahezu undenkbarer Fall.

GRENZEN DER AUFSICHTSPFLICHT

Die Beaufsichtigung der Schüler gehört zu den Dienstpflichten der Lehrer. Lehrer müssen naheliegende Gefahren erkennen und abwenden sowie den Schülern das Gefühl vermitteln, beaufsichtigt zu werden. Schüler dürfen sich der Aufsicht durch die Lehrer nicht durch unerlaubtes Verlassen des Schulgeländes entziehen. Tun sie es doch und verwüsten etwa den Garten eines Nachbarn, müssen sie Schadensersatz leisten – falls sie das 7. Lebensjahr vollendet haben – und werden von der Schule zumindest verpflichtet, sich bei dem geschädigten Nachbarn überzeugend zu entschuldigen. Unter Umständen wird auch eine Ordnungsmaßnahme ausgesprochen.

Doch eine an die Schule gerichtete Forderung, durch mehr Aufsichtspersonen oder die Einfassung des Schulgeländes mit einem Zaun ein Verlassen des Schulhofs zu verhindern, verschiebt die Verantwortung unzulässig von den Schülern auf die Lehrer, verlangt etwas Unmögliches oder Unzumutbares und verwechselt zudem die Schule mit einer Haftanstalt.

Auch ohne Rechtsanspruch wächst die Zahl der eingezäunten Schulen zum Schutz der Schüler vor sich selbst, zum Schutz der Umgebung vor den Schülern und der Schüler vor der Umgebung. Eingezäunte Schulen sagen sicherlich viel über den Zustand einer Gesellschaft aus.

Gelegentlich müssen Schüler den Schulhof aber gar nicht verlassen, um andere zu schädigen, etwa wenn Schüler vom Schulgelände aus Steine auf vor der Schule parkende Autos werfen, was dem Aufsicht führenden Lehrer womöglich entgeht. Eine ständige Beobachtung eines jeden Schülers in der Pause oder im Unterricht kann von den Aufsichtspersonen nicht verlangt werden. Lehrer dürfen sich zudem darauf verlassen, dass Eltern ihren Kindern beibringen, nicht mit Steinen auf Personen oder Gegenstände zu werfen (OLG Frankfurt/Main, Az.: 1 U 185/08). Auch die geschädigten Autofahrer können in diesem Fall keinen Schadensersatzanspruch wegen einer Verletzung der Aufsichtspflicht fordern. Schüler haften mit Vollendung des 7. Lebensjahres für von ihnen angerichtete Schäden. Ein Schadensersatzanspruch setzt aber auch voraus, dass der Geschädigte oder die Schule den Täter ermitteln kann.

HAFTUNG

Lehrer haften genauso wenig für ihre Schüler wie Eltern für ihre Kinder.

- Lehrer haften für die Verletzung der Aufsichtspflicht nur dann unmittelbar, wenn sie ihre Aufsichtspflicht vorsätzlich verletzt und den Schaden billigend in Kauf genommen haben.
- Selbst Lehrer, die ihre Aufsichtspflicht vorsätzlich verletzen, hoffen darauf, dass niemand verletzt wird. Eine unmittelbare Haftung scheidet daher ebenso aus wie Schmerzensgeldansprüche des Verletzten.

- Bei einfacher Fahrlässigkeit treten der Staat oder die Unfallversicherung ein.
- Bei einer grob fahrlässigen Verletzung der Aufsichtspflicht kommen das Land oder die gesetzliche Unfallversicherung für den Schaden auf und können Rückgriff beim Lehrer nehmen. Grobe Fahrlässigkeit setzt voraus, dass der Lehrer eine Gefahr ignoriert, die offensichtlich ist und sich ihm geradezu aufdrängen musste.

VORRANG DER ELTERLICHEN AUFSICHTSPFLICHT

Eltern können in der Schule keine Aufsicht über ihre Kinder führen. Ihre Aufsichtspflicht geht aber der schulischen voraus. Letztlich führen wie beim Lernerfolg nicht alle, aber viele Wege zu den Eltern: Der beste Schutz für die Kinder – die eigenen und die der anderen Eltern – ist immer noch eine gute Erziehung durch die Eltern.

Ein sechsjähriger Grundschüler verletzte einen Mitschüler in der Pause mit einem neun Zentimeter großen Metallstern, den sein Opa für ihn gebastelt hatte, so erheblich am Auge, dass der Mitschüler erblindete. Die Lehrerin hatte zu einem früheren Zeitpunkt den Metallstern bemerkt und den Schüler aufgefordert, ihn in den Schulranzen zu stecken. Der Schüler war nicht als aggressiv oder ungehorsam bekannt. Die Lehrerin hatte auch nicht beobachtet, dass er andere Kinder mit dem Stern bedroht hätte.

Die Lehrerin hat ihre Aufsichtspflicht nicht verletzt, da sie dem Schüler den Stern nicht zwingend wegnehmen musste. Es war keine Gefahrenlage erkennbar, die über die Aufforderung, den Stern wegzustecken, hinaus eine sofortige Konfiszierung erfordert hätte (LG Neubrandenburg, Az.: 4 O 209/09).

Hätte die Lehrerin die Eltern des Schülers aufgefordert, das Mitbringen des Sterns wegen der möglichen Gefahren zu verhindern, hätten indes die Eltern ihre Aufsichtspflicht verletzt, wenn sie das Mitnehmen des Sterns weiterhin gestattet hätten.

VERDACHTSMOMENTE UND STRAFTATEN

Den Anschein einer Straftat zu erwecken, kann ernste Konsequenzen nach sich ziehen, beispielsweise auch der scheinbare Drogenhandel. Der Rechtsprechung zufolge können der Konsum, die Herstellung von Kontakten zum Erwerb und die Weitergabe von Drogen die Entlassung von der Schule rechtfertigen.

Ein Schüler verkaufte Mitschülern keine Drogen, sondern Shisha-Tabak und Kräutermischungen als angebliche Drogen sowie sogenannte Legal Highs. Er propagierte damit Drogenkonsum und verleitete Schüler zu Experimenten mit Drogen.

Legal Highs sind keineswegs harmlos und können erhebliche gesundheitliche Schäden verursachen. Scheinbarer Drogenhandel zieht entweder die Androhung der Entlassung oder die Entlassung nach sich (OVG Rheinland-Pfalz, Az.: 2 A 10251/13).

BEDROHUNGSPOTENZIAL BEI GRUPPEN

Bei Gruppen sind das Bedrohungspotenzial und das Risiko von Übergriffen einzelner Gruppenmitglieder erheblich größer als bei einzelnen Schülern, da der Einzelne sich in der Gruppe stärker fühlt und darauf hofft, unentdeckt zu bleiben. Zudem fördert die Gruppendynamik eine Eskalation.

Ein Schüler einer 9. Klasse war Teil einer Gruppe, die zunächst einen Schüler geschlagen, dann vor dem Rektorat derart gegen die Tür geschlagen beziehungsweise getreten hatte, dass die Sekretärin

den Schulleiter zu Hilfe rief. Die Gruppe verließ dann das Schul-
gebäude und bedrohte und beschimpfte die Mutter des zuvor ge-
schlagenen Schülers.

Welche Mitglieder der Gruppe jeweils gehandelt hatten, ließ sich im Nachhinein nicht mehr feststellen. Alle Beteiligten wurden daher für fünf Tage vom Unterricht ausgeschlossen und ihnen wurde die Entlassung angedroht.

Es ist nicht erforderlich, jedem einzelnen Gruppenmitglied eine bestimmte Handlung nachzuweisen. Der Nachweis der Zugehörigkeit zu der Gruppe reicht aus, um eine Beteiligung, und sei es nur in Form einer psychischen Unterstützung, festzustellen und jedem Schüler die aus der Gruppe heraus begangenen Taten zuzurechnen (VG Stuttgart, Az.: 10 K 4801/08). Dabei handelt es sich nicht um eine Kollektivmaßnahme, da diese Schüler nicht für das Verhalten von Mitschülern verantwortlich gemacht werden, obwohl sie gar nicht anwesend oder offensichtlich unbeteiligt waren.

IDENTIFIKATION MUTMASSLICHER TÄTER

Die Schule kann auf Fehlverhalten von Schülern nur reagieren, wenn sie die Täter namentlich kennt. Diese schlichte Tatsache führt zur Weigerung mancher Schüler, ihren Namen und die von ihnen besuchte Klasse zu nennen, wenn Lehrer sie aufgrund der Größe der Schule, der Lage in einem Schulzentrum oder aus anderen Gründen nicht persönlich kennen.

Lehrer dürfen in dieser Situation Schüler nicht mit dem Smartphone fotografieren, um sie später durch andere Lehrer identifizieren zu lassen. Sie würden damit rechtswidrig handeln, da das Foto gegen den Willen des Betroffenen gemacht und an andere weitergegeben wird. Rechtmäßig könnte dieses Vorgehen allenfalls bei Straftaten zum Schutz wichtiger Rechtsgüter sein. Ein Schüler darf jedoch festgehalten und zum Sekretariat geführt werden. Bei einer Gegenwehr seitens des Schülers sollte der Lehrer ihn aber loslassen, da er andernfalls Gefahr liefe, unverhältnismäßig zu handeln und in eine ernsthafte körperliche Auseinandersetzung verwickelt zu werden.

Es bleiben dann nur aufwendigere Methoden der Identitätsermittlung, wie etwa das Befragen anderer Schüler, die Begleitung des Schülers zu seinem Klassenraum nach dem Ende der Pause oder die Kontrolle der Klassen, die der Schüler vermutlich aufgrund seines Alters besucht.

Die Weigerung eines Schülers, einem Lehrer seinen Namen zu nennen, stellt ein erhebliches Fehlverhalten dar. Eine Schule kann weder ihrer Aufsichtspflicht noch ihrem Erziehungsauftrag gerecht werden, wenn Lehrer Schüler nur mit erheblichem Aufwand identifizieren können. Es könnten daher erzieherische Einwirkungen, ein schriftlicher Verweis oder ein Unterrichtsausschluss ausgesprochen werden.

BETRETEN DER TOILETTE

Lehrer und Lehrerinnen dürfen die Jungen- und Mädchentoiletten betreten, um einem konkreten Verdacht nachzugehen oder gelegentliche überraschende Kontrollen im Rahmen ihrer Aufsichtspflicht durchzuführen. Sie dürfen dies tun, um Beschädigungen, Verschmutzungen und Drogenhandel vorzubeugen, Täter auf frischer Tat zu ertappen oder Beweise zu sichern.

Bei einer Kontrolle der Toiletten sah sich ein Lehrer einem 17-jährigen Schüler gegenüber, der eine mit Wasser getränkte Toilettenpapierrolle in der Hand hielt, den Arm zum Wurf hob und dem Lehrer drohte: »Hau ab oder ich werfe!« Der Lehrer gab dem Schüler daraufhin eine Ohrfeige, woraufhin dieser die Rolle fallen ließ.

Der Lehrer handelte in Notwehr zur Abwehr eines unmittelbar bevorstehenden Angriffs. Die Ohrfeige war auch verhältnismäßig, da sie den Schüler nicht ernsthaft verletzen sollte, sondern vor allem auf die Schockwirkung zielte. Ein Zurückweichen vor der Drohung war dem Lehrer nicht zumutbar und hätte der Aufgabe der Schule, die Sicherheit im gesamten Gebäude zu gewährleisten, widersprochen.

DURCHSUCHUNG VON TASCHEN UND SMARTPHONES

Behaupten Schüler, ein Mitschüler habe eine Waffe oder Drogen in seiner Schultasche versteckt, und halten Lehrer diese Behauptung für glaubwürdig, darf der betroffene Schüler zwar seine Zustimmung zu einer Durchsuchung der Tasche verweigern, aber er sollte nicht annehmen, damit aus dem Schneider zu sein. Lehrer können die Tasche konfiszieren und die Eltern auffordern, zur Schule zu kommen und mit ihnen den Inhalt zu prüfen, oder bei Verdacht auf eine strafbare Handlung die Polizei rufen und die Tasche von den Beamten durchsuchen lassen. Viele Schüler werden den genannten Möglichkeiten das eigenhändige Ausleeren der Tasche vor den Augen des Lehrers vorziehen.

Bei einem Verdacht auf strafbare oder erzieherisch inakzeptable Inhalte auf einem Smartphone dürfen Lehrer das Gerät ebenfalls nicht selbst durchsuchen, wohl aber konfiszieren und eine Kontrolle durch die Eltern oder die Polizei veranlassen.

Die Inhalte der Tasche oder des Smartphones sind eindeutige Beweismittel. Auch übereinstimmende Zeugenaussagen schaffen eine klare Beweislage. Steht dagegen Aussage gegen Aussage – egal ob die eines Schülers gegen die eines anderen Schülers oder die eines Lehrers gegen die eines Schülers –, dürfen Schüler nicht davon ausgehen, in dem Fall sei nichts bewiesen. Bei sich widersprechenden Schüleraussagen schätzt die Schule die Glaubwürdigkeit der Aussagen ein (VG Berlin, Az.: 3 L 328.14) und kann nur dann nicht handeln, wenn sie beide Aussagen für gleichermaßen glaubwürdig hält. Der Aussage eines Lehrers wird sie im Vergleich zu der eines Schülers immer eine höhere Glaubwürdigkeit zubilligen.

Für den Lehrer spricht sein fehlendes Interesse an einer unbegründeten Beschuldigung eines Schülers, während das Interesse eines Schülers an der Leugnung eines Fehlverhaltens auf der Hand liegt. Der Lehrer verfügt zudem nicht nur über die größere professionelle Distanz, sondern geht mit einer falschen Aussage auch ein größeres Risiko ein. Der Schüler riskiert eine Ordnungsmaßnahme, die ohne Auswirkung auf die erreichbaren Schulabschlüsse bleibt, der Lehrer dagegen eine seine berufliche Laufbahn beeinträchtigende Disziplinarmaßnahme und eine schwere Belastung des Vertrauensverhältnisses zu seinen Vorgesetzten.

ERSTATTUNG EINER STRAFANZEIGE

Lehrer dürfen Anzeige erstatten, wenn sie selbst das Opfer einer von einem Schüler begangenen Straftat wie einer Verleumdung, Beleidigung oder Körperverletzung sind. Die erforderliche Aussagegenehmigung wird erteilt werden, da sie nur aus wenigen, gesetzlich vorgegebenen Gründen (§ 37 Abs. 4 Beamtenstatusgesetz: erhebliche Nachteile für das Wohl des Bundes oder eines Landes, ernstliche Gefährdung öffentlicher Aufgaben), die in der Schule kaum jemals vorliegen werden, verweigert werden darf.

Wenn nicht ein Lehrer, sondern ein Schüler durch die Straftat eines Mitschülers verletzt wurde, darf nicht der einzelne Lehrer, wohl aber die Schulleitung auf Hinweis eines Lehrers eine Straftat anzeigen.

Ein Schüler einer 9. Klasse hielt im Schulbus einen stehenden Mitschüler an den Handgelenken fest, zog ihn mit der Brust über eine Stange und warf sich dann auf ihn. Verbunden mit einer plötzlichen Bewegung des Busses zog sich der Mitschüler dadurch einen Brustbeinbruch und eine Thoraxquetschung zu. Der Täter behauptete, der Mitschüler habe die Verletzungen bereits zuvor an einer senkrechten Stange im Bus erlitten und er habe dem Mitschüler dann helfen wollen, sich aufzurichten und ihn deshalb über die Querstange in Richtung seines Sitzplatzes gezogen.

Liegt, wie in diesem Fall, nicht nur eine einfache, sondern eine gefährliche Körperverletzung vor, kann der Geschädigte, aber auch die Schule Strafanzeige erstatten. Bei einer einfachen Körperverletzung kann das hingegen nur der Geschädigte selbst tun.

Die Schule kann sich auf das Ergebnis der polizeilichen Ermittlungen stützen. Im beschriebenen Fall sah die Polizei den Schüler als Täter an. Die Schule berücksichtigte neben der Missachtung der Rechte eines Mitschülers auf einen angstfreien Schulweg und auf körperliche Unversehrtheit auch das völlig fehlende Bedauern des Täters und die Lügen, mit denen die Tat vertuscht werden sollte. Zusätzlich zu einem dreiwöchigen Unterrichtsausschluss wurde der Schüler vom Schulträger in Absprache mit dem Busunternehmen und der Schulleitung für einen Monat von der Schülerbeförderung ausgeschlossen. In dieser Zeit mussten die Eltern auf eigene Kosten für den Transport zur Schule sorgen.

Im geschilderten Fall gab es noch zwei weitere Schüler, die an der Tat beteiligt waren. Als die Schule den Haupttäter für zwei Wochen vom Unterricht ausschloss, waren die Ermittlungen gegen die beiden anderen Schüler noch nicht abgeschlossen, und es waren gegen sie noch keine Ordnungsmaßnahmen verhängt worden. Der Haupttäter glaubte, daraus die Rechtswidrigkeit seines Unterrichtsausschlusses ableiten zu können, da seiner Meinung nach entweder alle Beteiligten oder niemand von schulischen Maßnahmen betroffen sein müsste. Hier würde er sogar irren, wenn das Ausmaß der Tatbeteiligung der anderen feststünde und die Schule trotzdem keinerlei erzieherische Maßnahmen oder Ordnungsmaßnahmen ergreifen würde: Aus einem rechtswidrigen Verhalten der Schule gegenüber anderen Schülern kann kein Schüler einen Anspruch ableiten, ebenfalls unrechtmäßig behandelt zu werden. Der Anspruch auf Gleichbehandlung kann nicht über der Verpflichtung der Schule stehen, rechtmäßig zu handeln. Es gibt keine Gleichheit im Unrecht!

ZUSAMMENFASSUNG: WAS LEHRER DÜRFEN

- von Schülern die gewaltfreie Lösung von Konflikten verlangen
- mit erzieherischen Maßnahmen, strafrechtlichen und zivilrechtlichen Mitteln gegen Fotos, Film- und Tonaufnahmen im Unterricht vorgehen
- gegen Bedrohungen und Beleidigungen entschlossene Maßnahmen der Schule bis zum Schulverweis einleiten
- scherzhafte Amoklaufdrohungen und lediglich vorgetäuschten Drogenhandel mit der Entlassung ahnden
- auch bei Schülern mit Förderbedarf Ordnungsmaßnahmen ergreifen
- es ablehnen, Wertgegenstände von Schülern aufzubewahren
- bei fahrlässiger und grob fahrlässiger Beschädigung eines weggenommenen Smartphones wegen des Schadensersatzes auf das Land verweisen
- bei erzieherischen Einwirkungen und Ordnungsmaßnahmen wegen Sachbeschädigungen die Bereitschaft, Schadensersatz zu leisten, berücksichtigen
- Schüler auf Schmerzensgeldanspruch gegen Mitschüler bei einer Verletzung oder auf Schadensersatzansprüche hinweisen
- Rückgriffe der Unfallversicherung oder des Schulträgers anregen
- sich auf die Grenzen der Aufsichtspflicht berufen
- sich auf den Ausschluss einer Haftung für fahrlässige Pflichtverletzungen verlassen
- eine unzulässige Verschiebung der Verantwortung von Eltern und Schülern auf Lehrer zurückweisen
- sich gegen den Vorwurf strafbaren Verhaltens mit allen rechtlichen Mitteln, einschließlich einer Strafanzeige zur Wehr setzen

- jedem Mitglied die aus einer Schülergruppe heraus begangenen Taten zurechnen
- einem geschädigten Schüler den Namen und die Adresse des vermutlichen Täters mitteilen
- Toiletten beaufsichtigen und kontrollieren
- Schülern Taschen und Smartphones wegnehmen, um sie von Eltern oder der Polizei durchsuchen zu lassen
- die Glaubwürdigkeit von Schüleraussagen bewerten
- Lehreraussagen grundsätzlich für glaubwürdiger halten als Schüleraussagen
- Ordnungsmaßnahmen gegen strafunmündige Schüler beantragen
- sich gegen einen bevorstehenden oder gegenwärtigen Angriff wehren

6 SCHULVERANSTALTUNGEN

Schulveranstaltungen können eng mit dem Unterricht verbunden sein, erzieherischen Zielen dienen und die Allgemeinbildung fördern. Eine Exkursion in ein Museum oder zu einem anderen außerschulischen Lernort, ein Theaterbesuch, ein Konzert in der Schule und eine Klassenfahrt verfolgen Ziele, die ausschließlich durch Unterricht nicht erreicht werden können, und vermitteln Inhalte, die über die Unterrichtsinhalte hinausgehen.

Schulveranstaltungen stellen jedoch an Lehrer besondere Anforderungen bei der Planung und Durchführung. Zwar sind bei Schulveranstaltungen der Schutz durch die gesetzliche Unfallversicherung sowie der Dienstunfallschutz gewährleistet, doch nicht jede Veranstaltung mit einem Schulbezug ist eine Schulveranstaltung.

SCHULVERANSTALTUNG ODER NICHT?

Viele Veranstaltungen sind ganz eindeutig Schulveranstaltungen, wie etwa der Tag der offenen Tür, die Hundertjahrfeier der Schule oder das Schulfest. Bei einer Schulveranstaltung übernimmt der Lehrer die Aufsichtspflicht. Er hat damit ein Weisungsrecht gegenüber Schülern, aber auch gegenüber Eltern. Das bedeutet, teilnehmende Eltern haben bei einer Schulveranstaltung die Weisungen der Lehrer zu befolgen.

Der Charakter als Schulveranstaltung hängt davon ab,

- von wem die Initiative zu der Veranstaltung ausgegangen ist,
- wer die Veranstaltung organisiert,
- wer während der Veranstaltung das Weisungsrecht ausübt und
- wer die Aufsichtspflicht erfüllt.

Für Lehrer besteht bei Schulveranstaltungen Dienstunfallschutz. Die Schüler und die im Auftrag und Interesse der Schule tätigen Eltern stehen unter dem Schutz der gesetzlichen Unfallversicherung.

Doch nicht jede Veranstaltung in der Schule oder unter Beteiligung von Schülern ist eine Schulveranstaltung.

Zum Abschluss der Grundschulzeit schlugen die Eltern einer 4. Klasse der Klassenlehrerin vor, auf dem Schulhof ein Grillfest zu veranstalten und danach in der Turnhalle zu übernachten. Die Eltern boten an, Getränke, Speisen und Grillgeräte zu beschaffen. Sie gingen davon aus, dass die Klassenlehrerin anwesend sein und ebenfalls in der Turnhalle übernachten werde.

Die Initiative ergriffen im beschriebenen Fall die Eltern und auch die Organisation lag weitgehend in deren Händen. Wer die Genehmigung der Schulleitung einholen und während der Veranstaltung das Weisungsrecht und die Aufsichtspflicht haben würde, ist nicht eindeutig. Es liegt allerdings nahe, in diesem Fall davon auszugehen, dass die Klassenlehrerin die Genehmigung einholen und die gesamte Veranstaltung leiten würde.

- Es handelt sich eindeutig nicht um eine Schulveranstaltung, wenn die Eltern die Genehmigung einholen und sich zur Gesamtleitung bereit erklären.
- Holt die Klassenlehrerin die Genehmigung ein und leitet nach Absprache mit den Eltern die Veranstaltung, spricht das zwar für den

Charakter als Schulveranstaltung, räumt aber nicht alle Zweifel aus. In dieser Situation sollte daher die Schulleitung die Veranstaltung zur Schulveranstaltung erklären beziehungsweise klarstellen, ob es sich um eine Schulveranstaltung handelt oder nicht.

FREIWILLIGE SCHULVERANSTALTUNG

Veranstaltungen mit Freizeit- und Vergnügungswert können durchaus Schulveranstaltungen sein. Auch die freiwillige Teilnahme der Schüler sowie die Anwesenheit von Schülern anderer Schulen sprechen nicht gegen den Charakter als Schulveranstaltung.

Eine Schule veranstaltet jährlich eine »Frühlings-Rockparty«, zu der auch Schüler der Nachbarschulen eingeladen werden. Der Erlös kommt der Schülervertretung zugute und wird in Absprache mit der Schulleitung für schulische Zwecke, wie etwa die Einrichtung einer Medienecke, verwendet. Termin und Ablauf der Veranstaltung werden von der Schülervertretung mit der Schulleitung abgestimmt; vier Lehrer führen freiwillig Aufsicht. Der Schulleiter unternimmt regelmäßige Rundgänge und ist ab 23:15 Uhr telefonisch jederzeit erreichbar.

Diese Party ist eindeutig eine Schulveranstaltung (LSG Rheinland-Pfalz, Az.: L 3 U 62/13).

BEFREIUNG VON SCHULVERANSTALTUNGEN

Bei einem Tag der offenen Tür oder einer anderen für verpflichtend erklärten Schulveranstaltung, die samstags stattfindet, dürfen Schüler nur fehlen, wenn sie von der Schule beurlaubt wurden. Das gilt auch für sonstige verpflichtende Schulveranstaltungen wie eine Theateraufführung oder ein Konzert in der Schule, auch wenn sie außerhalb der Unterrichtszeit stattfinden.

Ob die Schüler zum Besuch von Schulveranstaltungen verpflichtet sind oder ob der Besuch freiwillig ist, entscheidet die Schulleitung in der Regel auf der Grundlage eines Schulkonferenzbeschlusses.

KLASSENFAHRTEN

Klassenfahrten sollen einen unmittelbaren Bezug zum Unterricht aufweisen und Bildungserlebnisse vermitteln. Im Vordergrund stehen aber die Förderung der Klassengemeinschaft und des gegenseitigen Verständnisses zwischen Schülern und Lehrern.

Für Schüler wie für Lehrer können Klassenfahrten zu Höhe- oder Tiefpunkten werden. Der rechtliche Blick ist naturgemäß vor allem auf Schwierigkeiten und Probleme gerichtet. Schüler, Lehrer und Eltern werden diese Perspektive aber sicher durch schöne Erinnerungen zu ergänzen wissen.

KLASSENFAHRT VERSUS SCHÜLERAUSTAUSCH

An Klassenfahrten müssen Schüler grundsätzlich teilnehmen. (In Niedersachsen ist die Teilnahme an Fahrten mit Übernachtung freiwillig.) Bei einer Auslandsfahrt lernen die Schüler ein anderes Land näher kennen, nehmen am Leben des Gastlandes aber nicht so unmittelbar persönlich teil wie bei einem Austausch. Bei einem Schüleraustausch besuchen die Schüler den Unterricht in der Partnerschule eines anderen Landes und sind einzeln in Gastfamilien untergebracht. Sie können daher nicht ständig unter der Aufsicht der Lehrer oder weiterer Begleitpersonen stehen. Sowohl die Partnerschule als auch die Gastfamilien können erwarten, dass sich die Austauschschüler ordentlich verhalten. Die Partnerschaft mit einer ausländischen Schule darf nicht durch das Fehlverhalten einzelner Schüler belastet oder gefährdet werden.

Bei einem Austausch mit einer anderen Schule, bei dem mehr interessierte Schüler als Plätze vorhanden sind, haben die Schüler kein Recht auf Teilnahme, aber ein Recht auf eine faire Auswahl. Die Auswahlkriterien legt die Schule fest.

AUSSCHLUSS VON DER AUSTAUSCHFAHRT

Ein Schüler, gegen den im Laufe des Schuljahres mehrere Erziehungs- und Ordnungsmaßnahmen verhängt worden waren — unter anderem wegen Missachtung von Lehreranweisungen, verbalen und tätlichen Beleidigungen von Schülern und Lehrern, Gewaltdrohungen gegenüber Klassenkameraden und der Beschädigung eines Teppichs in einem Schulgebäude mit Salpetersäure —, wurde Ende September von der Teilnahme an einem Frankreichaustausch im Mai des nächsten Jahres ausgeschlossen.

Bei der Austauschfahrt nach Frankreich handelt es sich nicht um eine Klassenfahrt, an der grundsätzlich alle Schüler der Klasse teilnehmen müssen. Bei freiwilligen Schulfahrten kann einzelnen Schülern aus vernünftigen Gründen auch außerhalb von Ordnungsmaßnahmen die Teilnahme versagt werden. An die Rechtmäßigkeit der Nichtberücksichtigung bei einem Austausch werden wesentlich geringere Anforderungen gestellt als an die Rechtmäßigkeit einer Ordnungsmaßnahme.

ZAHLUNGSVERPFLICHTUNG – AUCH BEI NICHTTEILNAHME

Bei mehrtägigen Fahrten ist eine schriftliche Einverständniserklärung der Eltern einzuholen. Durch diese Erklärung wird kein Reisevertrag abgeschlossen, sondern die Übernahme der Kosten im Rahmen des Schulverhältnisses zugesichert. Es genügt dabei schon die Unterschrift eines Elternteils für die Gültigkeit der Erklärung (VG Minden, Az.: 8 K 2772/12).

Die Erklärung zur Kostenübernahme ist die verbindliche Zusage der Eltern, die anfallenden Kosten selbst dann zu übernehmen, wenn ihr Kind wegen Krankheit nicht teilnehmen kann (OVG Rheinland-Pfalz, Az.: 2 A 11188/03).

Auch eine Nichtteilnahme aus anderen Gründen führt nicht zur Befreiung von der Zahlungsverpflichtung (VG Gelsenkirchen, Az.: 4 K 2609/84). Es kommt dabei nicht auf ein Verschulden an, sondern darauf, dass der Grund für die Nichtteilnahme in der Sphäre der Eltern und des Schülers liegt und die anderen Eltern nicht verpflichtet sind, dieses Risiko zu tragen. Die anderen Eltern dürfen darauf vertrauen, dass ihnen keine höheren Kosten aufgebürdet werden (OVG Rheinland-Pfalz, a. a. O.).

Einige Bundesländer verpflichten Lehrer, die Eltern auf die Möglichkeit des Abschlusses einer Reiserücktrittsversicherung hinzuweisen. Vergisst ein Lehrer diesen Hinweis, haben die Eltern dennoch keinen Anspruch auf Schadensersatz, da die dienstliche Verpflichtung der Lehrer durch eine Verwaltungsvorschrift keine Grundlage dafür bildet.

STREITPUNKT TASCHENGELD

Um auf Klassenfahrten Schwierigkeiten wegen eines sehr unterschiedlich hohen Taschengelds für die Schüler zu vermeiden, können die Lehrer oder die Elternversammlung einen Höchstbetrag empfehlen. Erzieherische Einwirkungen oder gar Ordnungsmaßnahmen dürfen aber bei einer Überschreitung dieses Höchstbetrags nicht ergriffen werden, da die Festlegung des Geldbetrags, den die Schüler mitführen dürfen, bei der Klassenfahrt ebenso wie im Schulalltag zum individuellen Erziehungsrecht der Eltern gehört.

BEFREIUNG VON DER TEILNAHME AN EINER KLASSENFAHRT

Klassenfahrten sind Schulveranstaltungen, die in besonderer Weise den Unterricht erweitern und der Erziehung dienen, Eltern und

Schüler können jedoch Befreiungsanträge stellen, wenn ein »begründeter Ausnahmefall«, ein »besonderer Ausnahmefall« oder ein »wichtiger Grund« vorliegt. Es hängt von der Gesetzeslage und den Verwaltungsvorschriften der Bundesländer ab, ob bei Vorliegen ernsthafter religiöser oder erzieherischer Gründe, wenn auch ein Gespräch mit der Schulleitung die Eltern und Schüler nicht überzeugen konnte und ein Kompromiss nicht möglich ist, eine Befreiung erfolgen muss oder kann.

Vor einer Klassenfahrt legten zahlreiche muslimische Eltern formularmäßige Schreiben vor, in denen mit identischen Formulierungen und pauschalen Aussagen eine »Abmeldung« von der Fahrt erfolgte.

Das Elternrecht und das Grundrecht auf Religionsfreiheit sind individuelle Grundrechte, deren Wahrnehmung gegenüber der Schule nicht kollektiv und stellvertretend, sondern nur persönlich und individuell erfolgen kann. Die Eltern müssen ihre Beweggründe also individuell darlegen. Eine Abmeldung ist zudem kein Befreiungsantrag. Die Schule handelt rechtmäßig, wenn sie solche Schreiben nicht akzeptiert.

KOMPROMISSLÖSUNGEN

Zumutbare Kompromisse sind vor allem bei Klassenfahrten der Grundschulen möglich und dürfen von Eltern nicht abgelehnt werden.

Eltern beantragten die Befreiung ihres Kindes von der Teilnahme an einer mehrtägigen Klassenfahrt an einen 35 Kilometer von der Schule entfernten Ort, da ihr Kind morgens und abends beten und religiös unterwiesen werden müsse. Sie äußerten in ihrem Befreiungsantrag zudem Bedenken, ob die Lehrer ihrer Aufsichts-

pflicht insbesondere während der Nacht nachkämen. Die Eltern lehnten den Vorschlag der Schule, das Kind morgens zum Ort der Klassenfahrt bringen zu dürfen und abends wieder abzuholen, ab.

Die Eltern haben mit ihrem Befreiungsantrag einen nachvollziehbaren Glaubenskonflikt dargelegt. Das gilt aber nicht für die Bedenken, ob die Lehrer ihre Aufsichtspflicht nachts erfüllen, da diese generellen Bedenken keinen Bezug zur Glaubensfreiheit der Eltern und Schüler aufweisen. Das Angebot der Schule, die Kinder abends holen und morgens bringen zu dürfen, ist ein annehmbarer und zumutbarer Kompromiss:

- Für die Ziele der Klassenfahrt ist die Übernachtung nicht unabdingbar,
- die Eltern können abends und morgens eine religiöse Unterweisung vornehmen oder mit den Kindern beten und
- die Entfernung stellt kein unüberwindliches Hindernis dar.

Lehnen die Eltern den Kompromiss ab, müssen die Kinder an der Fahrt mit Übernachtung teilnehmen (OVG Bremen, Az.: 1 A 275/10).

AUSSCHLUSS VON DER KLASSENFAHRT

Klassenfahrten sind Pflichtveranstaltungen, daher haben Schüler ein Recht teilzunehmen. Ein Recht, das sie jedoch verlieren, wenn sie sich nicht angemessen verhalten, beispielsweise mit Drogen dealen oder Mitschüler misshandeln.

Auf einer Klassenfahrt sind die Schüler Tag und Nacht zusammen, befinden sich in einer ungewohnten Umgebung – eine Aufsicht kann hier demzufolge nicht so engmaschig organisiert werden wie in der Schule. Von den Schülern wird daher ein diszipliniertes und verantwortungsbewusstes Verhalten erwartet.

Gewalttätigkeiten und die grobe Missachtung der Rechte der Mitschüler gefährden den Erfolg der gesamten Fahrt. Schüler, die in der Schule schweres Fehlverhalten und eine Neigung zu Gewalttätigkeiten zeigen, können daher bereits im Vorfeld von einer Teilnahme ausgeschlossen werden.

Ein Schüler einer 7. Klasse war der Rädelsführer einer Gruppe von Schülern, die in einer Pause auf dem Schulhof zwei Mitschüler einkreisten und zu einem Zweikampf zwangen. Weitere Schüler schlossen sich im Laufe des Zweikampfs der Gruppe an. Mitschüler, die den Eingekreisten hatten helfen wollen, wurden durch Drohungen daran gehindert.
Die Eltern eines der beiden eingekreisten Schüler wollten ihren Sohn wegen der Gefahr von Repressalien und weiterer Übergriffe nicht an der bevorstehenden einwöchigen Klassenfahrt teilnehmen lassen. Die Genehmigung eines Befreiungsantrags der Eltern hätte die Kapitulation vor Gewaltbedrohungen und der Verletzung der Würde von Mitschülern bedeutet. Der Rädelsführer zeigte sich indes völlig uneinsichtig und behauptete, es habe sich nur um ein Spiel gehandelt. Er wurde von der Klassenfahrt ausgeschlossen (VG Berlin, Az.: 3 L 350.11).

Die Gewaltanwendung gegenüber den beiden eingekreisten Schülern und das gewalttätige Vorgehen gegen Schüler, die den Eingekreisten helfen wollten, zeugen von großer Aggressivität und Gewaltbereitschaft mit dem Ziel, sich an der Erniedrigung der beiden Opfer zu belustigen. Ein solches Verhalten verstößt gegen elementare Bildungs- und Erziehungsziele, die Schüler nicht nur akzeptieren, sondern an deren Umsetzung sie aktiv mitwirken müssen. Der Rädelsführer und die anderen Schüler der Gruppe verstießen gegen die Erziehungsziele der Gewaltlosigkeit, der Achtung der Rechte der Mitschüler und des verantwortungsbewussten sozialen Handelns. Sie übten zudem einen negativen Einfluss auf andere Schüler aus, wie der Zulauf zu der Gruppe während der Einkreisung zeigt.

AUSSCHLUSS AUF RATEN

Schüler können das Ziel eines Ausschlusses aber auch mit kleinen Schritten erreichen, wenn diese nur zahlreich genug sind und in die falsche Richtung führen.

> *Ein Schüler störte häufig den Unterricht. Er verhielt sich insbesondere zwei Referendarinnen gegenüber respektlos, wurde oft laut und verbal aggressiv. Mitschüler beschimpfte er im Unterricht mit Kraftausdrücken und bezeichnete sie als »Verräter«, wenn sie sich am Unterricht beteiligten. Gegenüber Lehrern äußerte er, er habe genug von ihrem »Scheiß-Unterricht«. In seinem Verhalten wurde der Schüler von seinen Eltern bestärkt, die sein Verhalten rechtfertigten oder entschuldigten und der Schule Versagen vorwarfen.*

Bei einer Klassenfahrt erhöhen sich die Anforderungen an die Aufsichtspflicht der Lehrer, während ihre Einwirkungsmöglichkeiten im Vergleich zum geregelten Unterricht in der Schule eher abnehmen und Anordnungen schwerer als im normalen Schulalltag durchzusetzen sind. Die Schüler müssen daher bereit sein, die Autorität der Lehrer zu achten.

Angesichts der Unbelehrbarkeit des Schülers im beschriebenen Fall ist mit der Fortsetzung seines undisziplinierten, die Autorität der Lehrer infrage stellenden Verhaltens und der Missachtung der Persönlichkeitsrechte und der schulischen Rechte seiner Mitschüler zu rechnen. Dieses Verhalten wiegt auf einer Klassenfahrt noch schwerer als in der Schule und berechtigte die Schule daher, den Schüler von der Teilnahme auszuschließen (VG Berlin, Az.: 3 A 219.08).

MITTEL DER GEFAHRENABWEHR

Schüler können durch ihr Verhalten andere Schüler gefährden, aber auch sich selbst, insbesondere wenn sie ihr Verhalten nur begrenzt steuern können.

Ein Schüler einer 6. Klasse leidet am Aufmerksamkeitsdefizit-Hyperaktivitätssyndrom. Ihm wurde eine Eingliederungshilfe für seelisch behinderte Kinder gewährt. Trotz einer Integrationshelferin störte er häufig den Unterricht. Er wurde von der Teilnahme an einem einwöchigen Schullandheimaufenthalt ausgeschlossen.

Der Ausschluss ist nach Auffassung der Schule und des Gerichts nicht in erster Linie als Sanktion für Fehlverhalten anzusehen, sondern als Mittel der Gefahrenabwehr, das nicht zuletzt auch den Schüler selbst vor den Folgen seines Handelns schützen soll.

Schullandheimaufenthalte dienen zwar der Erfüllung des Bildungsauftrags, verfolgen jedoch vorwiegend außerunterrichtliche Ziele und sind ergänzende Schulveranstaltungen. Damit haben sie für den grundrechtlich geschützten Anspruch der Schüler auf Zugang zu Schulen und Abschlüssen eine geringere Bedeutung als der reguläre Unterricht (VerfGH Saarland, Az.: Lv 9/08).

AUSSCHLUSS AUFGRUND VON FEHLVERHALTEN WÄHREND DER KLASSENFAHRT

Eine Schülerin einer 6. Klasse hatte wiederholt gegen die Regeln im Schullandheim verstoßen und während einer Gruppenfreizeit, in der die Schüler an mehreren Stationen spielen durften, im Laufe einer Auseinandersetzung mit einem Mitschüler eine Stange genommen und in dessen Richtung geworfen. Am Ende der Stange befand sich ein abgesägter Nagel, der den Mitschüler unterhalb der Schläfe traf.

Die Eltern der Schülerin erklärten, die Lehrer könnten das Geschehen nicht aus eigener Anschauung schildern, da sie das Spiel der Schülerin nicht ununterbrochen beaufsichtigt hätten. Sie dürften daher nicht von einem vorsätzlichen und schwerwiegenden Fehlverhalten ausgehen, das den Ausschluss von der Klassenfahrt rechtfertige. Ihre Tochter habe lediglich eine auf dem Boden liegende Holzstange ergriffen und spielerisch von sich geworfen. Es handle sich um einen Unfall.

Die Eltern und die Schülerin bestanden der Schule gegenüber auf dieser Darstellung und entschlossen sich erst vor Gericht, den absichtlichen Wurf im Laufe der Auseinandersetzung zuzugeben, jedoch mit dem Hinweis, eine Verletzung des Mitschülers sei nicht beabsichtigt gewesen. Auch wenn nicht die tatsächliche, sondern eine geringfügigere Verletzung beabsichtigt war oder in Kauf genommen wurde, rechtfertigt ein derart gefährliches Verhalten den Ausschluss von der Klassenfahrt.

Hätte eine Verletzung der Aufsichtspflicht durch die Lehrer vorgelegen, könnte selbst dies das Fehlverhalten der Schülerin selbstverständlich nicht rechtfertigen, da es keinen Rechtsgrundsatz gibt, der lautet: »Wenn Lehrer nicht aufpassen, dürfen Schüler ihre Mitschüler verletzen.« Die Lehrer haben ihre Aufsichtspflicht aber nicht verletzt: Bei einer Gruppenfreizeit in einem Schullandheim ist eine ununterbrochene, unmittelbare Beaufsichtigung durch Lehrer weder möglich noch erforderlich. Es genügen stichprobenartige Kontrollen (VG Augsburg, Az.: 3 K 12.1164).

BESCHRÄNKUNGEN DER AUFSICHTSPFLICHT AUF KLASSENFAHRTEN

Wird Schülern Freizeit eingeräumt, in der sie sich in einem bestimmten Bereich für begrenzte Zeit in kleinen Gruppen frei bewegen können, beschränkt sich die Aufsichtspflicht der Lehrer auf
• die Prüfung der Gefahrenlage,

- die Festlegung der Gruppengröße sowie
- die Verpflichtung zu jederzeitiger Erreichbarkeit.

Selbst volljährige Schüler unterliegen dem Weisungsrecht der Lehrer und können nicht für sich in Anspruch nehmen, außerhalb des Programms jederzeit kommen und gehen zu können, wie es ihnen beliebt.

UNVORHERSEHBARE GEFAHRENLAGE

Schülern wurde im Rahmen einer Klassenfahrt gestattet, zwischen 19:00 Uhr und 23:00 Uhr in kleinen Gruppen in der Innenstadt einer südeuropäischen Kleinstadt ihre Freizeit zu verbringen. Ein Schüler kaufte spontan ein Messer, mit dem er bei einer zufälligen Begegnung mit einem Mitschüler nach einer zunächst verbalen Auseinandersetzung den Mitschüler tötete.

Zweifellos ein tragischer und erschütternder Vorfall, dennoch ist den Lehrern hier kein Fehlverhalten vorzuwerfen. Sie haben ihre Aufsichtspflicht nicht verletzt, da sie die Gefahrlage nicht vorhersehen konnten (LG Bochum, Az.: I – 2 O 574/12):
- Der Kauf des Messers war nicht geplant, sondern erfolgte spontan.
- Die Begegnung der Schüler war nicht verabredet, sondern zufällig.
- Es hatte vorher keine Drohungen oder heftige Auseinandersetzungen, sondern nur einen kleineren Streit zwischen den beiden Schülern gegeben.

HEIMREISE NACH DEM AUSSCHLUSS VON DER KLASSENFAHRT

Zwei Schüler einer 8. Klasse hatten am ersten Abend einer Klassenfahrt nach Frankreich Alkohol getrunken, den sie heimlich mitgenommen hatten. Die begleitenden Lehrkräfte drohten ihnen an, sie nach Hause zu schicken. Am dritten Tag der Fahrt entfernten sich die beiden Schüler nachts aus der Unterkunft, besuchten eine Diskothek und kehrten erst morgens um 2:00 Uhr zurück. Sie wurden von der weiteren Teilnahme an der Klassenfahrt ausgeschlossen.

Die Eltern verweigerten die Zustimmung zur Rückfahrt der Schüler, da sie aufgrund ihrer Berufstätigkeit ihre Kinder nicht abholen könnten, die Kosten einer Rückfahrt mit der Bahn zu hoch seien und die beiden 14-jährigen Schüler bei der unbegleiteten Rückfahrt mit der Bahn dreimal umsteigen müssten.

Auf der Rückfahrt erreichten die Schüler tatsächlich einen Anschlusszug nicht, hatten zwei Stunden Aufenthalt und nutzten die Zeit, um in einem Supermarkt eine Flasche Wodka zu stehlen. Nach der Rückkehr der Schüler weigerten sich die Eltern, die Kosten der Fahrt zu übernehmen.

Nimmt ein Kind nicht am Unterricht oder einer Schulveranstaltung teil, unterliegt es der Aufsichtspflicht der Eltern. Aus diesem Grund besteht auch auf dem Schulweg keine Aufsichtspflicht der Schule, sondern die Aufsichtspflicht der Eltern.

Endet die Teilnahmepflicht eines minderjährigen Schülers an einer Klassenfahrt, müssen grundsätzlich die Eltern für die Rückreise sorgen und ihr Kind entweder vor Ort abholen oder der Schule mitteilen, mit welchem Verkehrsmittel und auf welchem Weg der Schüler zurückgeschickt werden soll. Die Eltern sind ihrem Kind gegenüber durch die elterliche Sorge und der Schule gegenüber durch die Schulgesetze zu einer vertrauensvollen und partnerschaftlichen Zusammenarbeit verpflichtet und müssen daher die Aufsicht nach dem Ende einer Schulveranstaltung übernehmen.

Die Klassenfahrt ist für die Schüler mit dem Ausschluss und nicht erst mit der Rückkehr nach Hause beendet. Die Aufsichtspflicht der Schule besteht nur fort, soweit Schüler allein nicht in der Lage sind, gefahrlos in die Obhut der Eltern zu gelangen, und die Eltern sich weigern, ihre Kinder abzuholen (OVG Nordrhein-Westfalen, Az.: 19 A 993/07). Auch Eltern, die vor der Klassenfahrt keine Erklärung unterschrieben haben, in der sie sich ausdrücklich und schriftlich zur Abholung ihres Kindes bereit erklärt haben, müssen ihr Kind abholen, da ihre Verpflichtung nicht auf einem Vertrag, sondern auf Gesetzen – nämlich dem Bürgerlichen Gesetzbuch und dem Schulgesetz – beruht.

Erklären die Eltern, eine Abholung sei ihnen aus beruflichen oder anderen Gründen nicht möglich oder nicht zumutbar, müssen sie der Schule mitteilen, wie – nicht ob! – die Rückfahrt stattfinden soll, und die anfallenden Kosten übernehmen. Die Eltern können nicht argumentieren, die Schule habe die Schüler ausgeschlossen und trage daher auch die alleinige Verantwortung für die Rückfahrt. Letztlich ist das Fehlverhalten der Schüler die Ursache für die Rückfahrt, nicht die Ordnungsmaßnahme der Schule.

Weigern die Eltern sich, die Art der Rückfahrt festzulegen und/ oder die Kosten zu tragen, treffen die Lehrer diese Entscheidung. Sie sind nicht verpflichtet, das preiswerteste oder schnellste Verkehrsmittel auszuwählen, sondern müssen alle Faktoren, insbesondere die Sicherheit des Rückwegs und den für die Lehrer und die Gruppe zumutbaren Aufwand in Betracht ziehen.

Bei der Entscheidung über die Art der Rückfahrt müssen die Lehrer wegen ihrer Fürsorgepflicht für die Schüler erkennbare Gefahren berücksichtigen. Beim Umsteigen während einer Bahnfahrt kann ein Anschlusszug verpasst werden. Darin liegt aber keine besondere Gefahrenlage, sondern lediglich eine Verzögerung der Rückfahrt. Dass die Schüler im beschriebenen Fall die Wartezeit nutzen würden, um einen Diebstahl in einem Supermarkt zu begehen und Alkohol zu trinken, war zwar nicht undenkbar, gehört aber nicht zu den von den Lehrern zu berücksichtigenden naheliegenden Gefahren.

Eltern, die ihrem Kind nicht zutrauen, einen an sich ungefährlichen Rückweg ohne Fehlverhalten zurückzulegen, müssen ihrer Aufsichtspflicht nachkommen und das Kind selbst abholen oder durch eine Person ihres Vertrauens abholen lassen. Die Eltern haben im beschriebenen Fall mit ihrer Weigerung, die Schüler abzuholen, ihre Elternpflichten gegenüber der Schule und ihre Aufsichtspflicht gegenüber ihren Kindern verletzt.

VERSICHERUNGSSCHUTZ AUF KLASSENFAHRTEN

Eine Klassenfahrt ist eine Schulveranstaltung, die Schüler sind daher während der Fahrt gesetzlich gegen Unfälle versichert. Das gilt aber nicht ausnahmslos bei allen Aktivitäten im Zusammenhang mit der Fahrt. Wird den Schülern eine längere Freizeit eingeräumt, in der sie ihren privaten Interessen nachgehen können, entfällt der Versicherungsschutz – etwa wenn Schüler nachmittags während einer mehrstündigen genehmigten Freizeit unbeaufsichtigt unterwegs sind und sich dabei verletzen, zum Beispiel beim Besuch einer Eisdiele unglücklich stürzen und sich ein Bein brechen. Die gesetzliche Unfallversicherung kommt in dem Fall nicht für den Schaden auf, da der Besuch der Eisdiele nicht im organisatorischen Verantwortungsbereich der Schule lag und sich keine typische Schulgefahr verwirklicht hat.

Entfernen sich Schüler eigenmächtig von der Schulveranstaltung und somit aus dem schulischen Verantwortungsbereich, erlischt der Versicherungsschutz ebenfalls und die gesetzliche Unfallversicherung kommt nicht für etwaige Schäden auf.

KEIN VERSICHERUNGSSCHUTZ AUFGRUND VON FEHLVERHALTEN

Ein 17-jähriger Schüler hatte auf dem Flughafen verbotenerweise zwei Flaschen Wodka gekauft und abends zusammen mit zwei Mitschülern in der Jugendherberge getrunken, während der größte Teil der Schülergruppe mit den Lehrern in die Stadt gegangen war.

Die Lehrer hatten den drei Schülern gestattet, in der Jugendherber-
ge zu bleiben. Um zu rauchen, ging der Schüler in das Badezimmer
und kletterte dort aus dem Fenster auf das Dach. Als er zurückkeh-
ren wollte, stürzte er ab und erlitt eine Querschnittslähmung.

In diesem tragischen Fall besteht bedauerlicherweise kein Versicherungsschutz im Rahmen der gesetzlichen Unfallversicherung, da es
sich weder um eine Gemeinschaftsveranstaltung während der Klassenfahrt handelte noch der Schüler zu seinem gefährlichen Verhalten
von anderen Schülern herausgefordert wurde. Er handelte aus persönlichen Motiven (LSG Baden-Württemberg, Az.: L 6 U 2085/14).

Auch wenn Fehlverhalten den Versicherungsschutz nicht in jedem Fall ausschließt, sollten Lehrer die Eltern und Schüler im Vorfeld darauf hinweisen, dass keineswegs jedes Fehlverhalten von der
gesetzlichen Unfallversicherung abgedeckt wird.

VERSICHERUNGSSCHUTZ TROTZ FEHLVERHALTENS

Für den Versicherungsschutz ist es nicht entscheidend, ob Schüler
etwas Erlaubtes oder etwas Verbotenes tun, sondern ob es einen Zusammenhang mit der Schulveranstaltung und eine typische schulische Gefahrenlage gibt. Ist das der Fall, besteht Versicherungsschutz
in der Regel trotz verbotenen Verhaltens.

Ein Schüler balancierte abends auf dem Fenstersims im zweiten
Stock einer Jugendherberge. Mehrere Schüler beobachteten ihn,
klatschten und forderten ihn auf, sich zum nächsten Fenster ei-
nes Mädchenzimmers zu hangeln. Bei diesem Versuch stürzte der
Schüler ab und verletzte sich.

In diesem Fall besteht eine typische schulische Gefahrenlage durch
das Imponiergehabe Mitschülern gegenüber und die Anfeuerung
durch andere Schüler. Es handelt sich daher um einen Schulunfall.

ERKRANKUNG WÄHREND DER KLASSENFAHRT

BETREUUNG CHRONISCH KRANKER SCHÜLER

Wollen an einer chronischen Krankheit leidende Schüler an einer Klassenfahrt teilnehmen, können das aber nur, wenn Lehrer medizinische Hilfsmaßnahmen vornehmen, indem sie beispielsweise an die Einnahme von Medikamenten zu bestimmten Zeiten erinnern oder diese verabreichen, Werte messen oder pflegerische Maßnahmen ergreifen, besteht keine Verpflichtung der Lehrer, die Teilnahme der Schüler zu ermöglichen: Lehrer sind aufgrund ihrer Dienstpflichten und ihres Berufsbilds nicht verpflichtet, medizinische Hilfsmaßnahmen durchzuführen.

Erklären Lehrer sich freiwillig bereit, Hilfestellung bei der medikamentösen Versorgung von Schülern zu leisten, können und sollten sie eine ärztliche Verordnung mit genauen Handlungsanweisungen sowie eine schriftliche Vereinbarung zwischen den Eltern, dem Schulleiter und ihnen fordern. Aus der ärztlichen Anweisung sollte hervorgehen, welche Medikamente wann und in welcher Dosierung auf welchem Weg verabreicht werden müssen (VGH Hessen, Az.: 7 B 257/10).

UNVORHERSEHBAR FOLGENSCHWERE ERKRANKUNG

Das vorzeitige Ende einer Klassenfahrt kann auch durch Krankheit eintreten.

Ein 18-jähriger Schüler erkrankte während einer Skifreizeit nachmittags fiebrig. Am nächsten Morgen wurde er ins Krankenhaus eingeliefert und musste dort wegen einer bakteriellen Meningitis mit fulminantem Verlauf in ein künstliches Koma versetzt werden. Andere Schüler waren ebenfalls fiebrig erkrankt. Der Schüler forderte wegen eines Gehörverlusts auf einem Ohr von den begleitenden Lehrern Schadensersatz, da diese Folge der Erkrankung bei einer früheren Einweisung ins Krankenhaus unterblieben wäre.

Lehrer müssen nicht alle erdenklichen und möglichen, sondern nur naheliegende Gefahren abwenden. Aus einer nachträglichen Betrachtung dürfen keine Handlungspflichten für einen Zeitpunkt abgeleitet werden, zu dem eine Gefahr oder das Ausmaß einer Gefahr nicht bekannt waren. Im Rückblick ist es offensichtlich, dass die Einweisung in das Krankenhaus am Nachmittag oder Abend die richtige Entscheidung gewesen wäre. Zum damaligen Zeitpunkt konnte aber niemand wissen, dass eine Meningitis mit ungewöhnlich schnellem und schwerwiegendem Verlauf vorlag. Fiebrige Erkrankungen von Schülern sind bei Skifreizeiten schließlich nicht ungewöhnlich. Am Morgen des folgenden Tages war die konkrete Erkrankung zwar immer noch unbekannt, es war aber naheliegend, von einer erheblichen Erkrankung auszugehen. Zu diesem Zeitpunkt haben die Lehrer richtig gehandelt.

Die Aufsichtspflicht fordert von Lehrern weder hellseherische noch medizinisch-diagnostische Fähigkeiten. Im Übrigen hat auch der volljährige Schüler ganz offensichtlich die Gefahr nicht erkannt, da er zu keinem Zeitpunkt eine Einweisung in ein Krankenhaus gefordert oder auch nur in Erwägung gezogen hatte. Die Lehrer hatten keine besseren Erkenntnismöglichkeiten als der Schüler. Es ist zwar die vorherrschende Mentalität, bei Unglücksfällen nach Schuldigen zu suchen und die eigene Verantwortlichkeit zu vernachlässigen, das entspricht aber nicht der rechtlichen Beurteilung. Schüler dürfen Lehrer nicht für Unglücksfälle und eigene Fehleinschätzungen verantwortlich machen. Die Klage wurde abgewiesen (OLG Celle, Az.: 16 U 150/03).

BETREUUNG IM KRANKENHAUS

Eine 14-jährige Schülerin musste während einer Klassenfahrt nach England operiert werden und mehrere Tage stationär im Krankenhaus verbringen. Ihre Mutter flog nach England und forderte vom Bundesland die Erstattung ihrer Reisekosten. Doch die anfallenden Reisekosten musste die Mutter selbst tragen.

Es ist die Pflicht der Eltern, ihr während einer Klassenfahrt erkranktes, minderjähriges Kind so bald wie möglich selbst zu betreuen und zu beaufsichtigen. Dazu müssen sie auch, wenn es ihnen möglich und zumutbar ist, zu ihrem Kind fahren und für die Rückreise sorgen. Die Eltern haben die Kosten der eigenen An- und Abreise sowie die ihres Kindes zu tragen, da sie keine Aufgabe der Schule wahrnehmen, sondern eine eigene Verpflichtung erfüllen (OVG Nordrhein-Westfalen, Az.: 19 A 993/07).

Bei Schülern, die wegen einer Erkrankung oder Verletzung nicht mehr an der Klassenfahrt teilnehmen können, wandelt sich die Aufsichtspflicht zu einer Fürsorgepflicht. Die Lehrer müssen daher für den Transport zum Arzt oder Krankenhaus sorgen, den Schüler begleiten und sicherstellen, dass er ordnungsgemäß in das Krankenhaus aufgenommen wird oder nach der ärztlichen Behandlung sicher in die Unterkunft zurückkehrt. Das Einverständnis mit einer medizinischen Behandlung können nicht die Lehrer, sondern nur die Eltern erteilen. Lehrer sind nicht verpflichtet, im Krankenhaus oder der Unterkunft ununterbrochen bei dem Schüler zu bleiben. Die Eltern entscheiden, ob sie zu ihrem Kind fahren oder einen Rücktransport organisieren.

ZUSAMMENFASSUNG: WAS LEHRER DÜRFEN

- bei Schulveranstaltungen Eltern und Schülern verbindliche Weisungen erteilen
- die Aufsicht bei privaten Veranstaltungen der Eltern und Schüler ablehnen
- die Teilnahme an Schulveranstaltungen außerhalb der Unterrichtszeit für verpflichtend erklären
- Befreiungsanträge wegen einer unzureichenden Begründung ablehnen
- Schüler, die sich in der Schule häufig nicht an Regeln gehalten und Anordnungen missachtet haben, von der Teilnahme an einer Klassenfahrt ausschließen (die Schulleitung oder eine Konferenz entscheiden)
- Schülern die Teilnahme an einem freiwilligen Schüleraustausch verweigern, wenn sie plausible Auswahlkriterien nicht erfüllen
- die Kosten der Klassenfahrt von Eltern einfordern, auch wenn der Schüler von der Teilnahme an der Fahrt ausgeschlossen wurde oder erkrankt ist
- einen Höchstbetrag für ein Taschengeld empfehlen
- auch volljährigen Schülern Freiräume und Freizeit verweigern
- vom geplanten Programm abweichen
- einen Rechtsanspruch auf im Programm vorgesehene Freizeiten zurückweisen
- nach einem Ausschluss während der Klassenfahrt mit dem Einverständnis der Schulleitung die Begleitung durch Lehrer auf der Rückfahrt ablehnen
- Eltern und Schüler darauf hinweisen, dass bei bestimmtem Fehlverhalten der Schutz der gesetzlichen Unfallversicherung entfällt

- die Rechtfertigung eines Fehlverhaltens der Schüler durch die Eltern mit dem Hinweis auf eine angebliche oder tatsächliche Verletzung der Aufsichtspflicht zurückweisen
- eine Versorgung mit Medikamenten oder eine medizinische Betreuung ablehnen
- bei einem Krankenhausaufenthalt eines Schülers die dauernde Anwesenheit über einen längeren Zeitraum oder nachts ablehnen

7 AUSSERSCHULISCHES VERHALTEN

Zu Hause haben nicht die Lehrer, sondern die Eltern das Sagen, und eine Schulordnung, die auch das Verhalten in der Freizeit regelte, ist zusammen mit den Schuluniformen untergegangen. Das Ansehen einer Schule ist ein wichtiges Kriterium bei der Schulwahl der Eltern und Schüler, aber auch wenn das außerschulische Verhalten von Schülern ein schlechtes Licht auf die Schule werfen sollte, berechtigt die Beeinträchtigung ihres Ansehens sie nicht dazu, außerschulisches Schülerverhalten zu sanktionieren. Doch auch hier gilt einer der wichtigsten rechtlichen Grundsätze: Keine Regel ohne Ausnahme!

GEFAHRENABWEHR AN DER BUSHALTESTELLE

Lehrer sind aufgrund der schulischen Aufsichtspflicht nur verpflichtet, an Schulbushaltestellen Aufsicht zu führen, wenn diese Haltestellen auf dem Schulgelände liegen oder unmittelbar an das Schulgrundstück angrenzen. Bei weiter entfernten Haltestellen muss eine Aufsichtspflicht durch die Schulleitung, den Schulträger oder die Schulaufsicht ausdrücklich angeordnet werden.

An Schulbushaltestellen drohen Gefahren für die Gesundheit oder sogar das Leben der Schüler. Die Schüler müssen daher auch mit einer Aufsichtsperson rechnen, die sie festhält oder wegzieht, ohne diesem Verhalten das Züchtigungsverbot oder den Vorwurf der Körperverletzung entgegenhalten zu können. Dem betroffenen Schüler müsste zudem eine leichte Rötung am Oberarm allemal lieber sein, als von einem Bus angefahren zu werden.

Neben den Interessen eines sich falsch verhaltenden Schülers sollte aber auch der nur allzu berechtigte Wunsch der Mitschüler, nicht verletzt oder geschädigt zu werden, nicht ganz vergessen werden.

Ein zehnjähriger Schüler der 4. Klasse eines sonderpädagogischen Förderzentrums rannte an der Bushaltestelle, an der sich 46 weitere Schüler aufhielten, herum und trat einer der beiden Aufsicht führenden Lehrerinnen in die Wade. Er sprang in Pfützen und bespritzte Mitschüler der 1. Klasse mit Matsch. Aufforderungen der Lehrerin, dies zu unterlassen, folgte er nicht.

Schlussendlich packte die Lehrerin den Schüler am Oberarm und zog ihn in das Bushäuschen. Am Oberarm des Schülers waren in der Folge eine längliche Rötung und ein kleines Hämatom feststellbar. Der Schüler forderte von der Lehrerin, die sich einer Körperverletzung im Amt schuldig gemacht habe, ein angemessenes Schmerzensgeld, jedoch nicht weniger als 350 Euro.

Allein schon wegen der Geringfügigkeit der körperlichen Folgen könnte das Vorliegen einer Körperverletzung verneint werden. Geht man dagegen von einer Körperverletzung aus, hat die Lehrerin allenfalls eine fahrlässige Körperverletzung im Amt begangen, zu der sie aber befugt war. Sie hat offensichtlich kräftig zugefasst, und es war vorhersehbar, dass dadurch Verletzungen, wenn auch geringfügiger Art, verursacht werden konnten. Ansprüche auf Schmerzensgeld bestehen nicht, da ihre Handlung nicht rechtswidrig war.

Nicht gerechtfertigt wäre diese Aktion aufgrund des Tritts in die Wade gewesen, da zu dem Zeitpunkt, als die Lehrerin den Schüler in das Bushäuschen zog, dieser Vorfall schon abgeschlossen war und kein gegenwärtiger Angriff stattfand, der eine Notwehr gerechtfertigt hätte. Gerechtfertigt war das Handeln der Lehrerin aber als Nothilfe: Der Schüler bespritzte mit Absicht andere Kinder durch das Herumspringen in matschigen Pfützen. Die Lehrerin war im Rahmen ihrer Aufsichtspflicht verpflichtet, den Schüler hiervon abzuhalten und das Eigentum der anderen Schüler zu schützen.

Die Aufsichtspflicht umfasst auch das Recht und die Pflicht zu einem körperlichen Eingreifen, sollte ein Schüler sich selbst oder andere Kinder gefährden oder schädigen. Der Schüler war für Belehrungen und Ermahnungen nicht zugänglich, er tobte herum, er beschmutzte andere Schüler und es bestand die Gefahr, dass er den Sicherheitsbereich verließ. Die Lehrerin als Aufsicht führende Lehrkraft war aufgrund dieses Verhaltens verpflichtet, den Schüler zum Eigenschutz und zum Schutz der anderen Kinder körperlich festzuhalten (AG Augsburg, Az.: 15 C 259/09).

VERSICHERUNGSSCHUTZ AUF DEM SCHULWEG

Verletzt ein Schüler einen anderen Schüler oder einen Lehrer in der Schule, ist ein Schmerzensgeldanspruch ausgeschlossen, es sei denn, der Schüler hätte vorsätzlich gehandelt und die Folgen seines Handelns zumindest billigend in Kauf genommen (siehe auch Kapitel 5). Auf dem Schulweg ist ein Schmerzensgeldanspruch jedoch nicht auf vorsätzliches Handeln beschränkt.

Ein Schüler hielt sich im Bus nicht fest, sondern turnte an einer Haltestange herum. Als er in einer Kurve den Halt verlor, fiel er unsanft auf eine Schülerin, die dabei einen Zahn verlor.

Dieser Vorfall wurde von der gesetzlichen Unfallversicherung als Schulwegunfall angesehen. Die Behandlungskosten und die Kosten späterer Folgeschäden übernahm die Versicherung. Ihren Schmerzensgeldanspruch muss die Schülerin aber unmittelbar gegenüber dem Schädiger geltend machen.

STREITEREIEN AUF DEM SCHULWEG

Auf dem Schulweg hat die Schule zwar keine Aufsichtspflicht. Dennoch kann sie wegen eines Fehlverhaltens auf dem Schulweg erzieherische Einwirkungen oder Ordnungsmaßnahmen ergreifen, da nicht der räumliche oder zeitliche Abstand zur Schule ausschlaggebend ist, sondern der innere Bezug zur Schule. Ist ein Konflikt zwischen den Schülern in der Schule entstanden, besteht ein innerer Zusammenhang mit der Schule. Dieser ist auch gegeben, wenn private Konflikte in der Schule ausgetragen werden.

- *Zwei Schüler hatten in der Pause einen Streit auf dem Klettergerüst, der durch das Eingreifen einer Lehrerin beendet wurde. Der eine Schüler schlug und trat später seinen Mitschüler auf dem Heimweg.*
- *Vor einer Diskothek waren zwei Schüler wegen eines Mädchens in Streit geraten und der eine hatte dem anderen Prügel angedroht. An diesem Abend konnte der Mitschüler dem Täter noch entkommen, doch am nächsten Tag schlug dieser ihn während einer Pause.*
- *Ein Schüler schlenderte nach dem Unterrichtsende zunächst durch die Innenstadt, kehrte dann auf den Schulweg zurück und traf dort auf einen jüngeren Schüler. Er entschloss sich spontan, dessen Schultasche durch Tritte zu beschädigen und den Jüngeren unter Androhung von Schlägen zu zwingen, vor ihm niederzuknien. In der Folge legte der jüngere Mitschüler den Schulweg*

*aus Angst vor weiteren Übergriffen nicht mit dem Bus, sondern
zu Fuß zurück. Er hatte Angst, am nächsten Tag unbegleitet zur
Schule zu gehen.*

Schülern muss ein angstfreier Weg zur Schule möglich sein, denn zu
einer bestimmten Zeit müssen sie den Schulweg zwangsläufig antre-
ten. Potenzielle Täter dürfen diese Verpflichtung ihrer Opfer nicht
ausnutzen können. Selbst wenn der Schulweg für einige Zeit unter-
brochen wird, hebt das den schulischen Bezug nicht auf. Der schulische Bezug ist offensichtlich, denn welchen Sinn könnte es haben,
wenn die Schüler auf dem Weg zur Schule schutzlos den Übergriffen
von Mitschülern ausgesetzt wären, sobald der Schulweg nicht unmittelbar, sondern mit einer gewissen zeitlichen Verzögerung angetreten
wurde?

Für einen inneren Bezug zur Schule genügt jedoch nicht die blo-
ße Beteiligung von Schülern derselben Klasse oder Schule an einer
Prügelei: Liegen die Ursachen und die Auswirkungen außerhalb der
Schule, handelt es sich um eine private Angelegenheit, in die sich die
Schule nicht einmischen darf.

*Ein Schüler schrieb den Vornamen und die Telefonnummer seiner
Exfreundin, die mit ihm dieselbe Klasse besucht, verbunden mit
der Aufforderung »Ruf mich an!«, an eine Straßenbahnhaltestelle
und einen Stromkasten, die beide auf dem Weg zur Schule stehen.
Die Schülerin erhielt daraufhin zahlreiche unerwünschte Anrufe
und Mitteilungen.*

Die enttäuschte Liebe oder ein anderer privater Konflikt zwischen
Schülern wird nicht durch den Besuch derselben Schulklasse zu einer schulischen Angelegenheit. Die Anrufe und Mitteilungen haben
auch nicht die schulische Ordnung gestört, sondern die Schülerin als
Privatperson belästigt. Die Schule darf daher keine Ordnungsmaßnahme aussprechen.

Auch Schüler, die nachmittags auf dem Schulhof spielen, wenn die Benutzung durch Kinder und Jugendliche gestattet ist, tun das als spielende Kinder oder Jugendliche, nicht als Schüler. Ihre Konflikte sind daher grundsätzlich privater Art – es sei denn, ein innerer Schulbezug wäre offensichtlich.

UNERLAUBTE VIDEOAUFNAHMEN AUF DEM SCHULWEG

Videoaufnahmen auf dem Schulweg und deren Verbreitung können gegen die schulische Ordnung verstoßen. Zu den wichtigsten schulischen Erziehungszielen gehört es, Achtung vor der Würde des Menschen und Bereitschaft zum sozialen Handeln zu wecken. Die Verbreitung gewalttätiger Auseinandersetzungen zwischen Schülern im Internet lässt sich damit nicht vereinbaren.

Ein Schüler filmte eine außerhalb des Schulgeländes stattfindende Schlägerei zwischen zwei Mitschülern und veröffentlichte das Video auf seiner Facebook-Seite, von der es über Freundeslisten verbreitet wurde. Etwa 30 Schüler sahen bei der Schlägerei zu. Einer der an der Schlägerei beteiligten Schüler hatte nach einer Auseinandersetzung in der Pause vorgeschlagen: »Lass uns das nach der 7. Stunde draußen regeln.« Beiden sich prügelnden Schülern war bewusst, dass ein Mitschüler die Schlägerei filmte. Die Schule schloss den Schüler, der gefilmt und die Aufnahmen verbreitet hatte, für zwei Wochen vom Unterricht aus.

Das Fehlverhalten des Schülers weist im beschriebenen Fall den notwendigen Schulbezug auf, weil zum einen der Grund der Schlägerei in der Schule lag und zum anderen das Video einer weiteren Schüleröffentlichkeit zugänglich gemacht wurde. Zugunsten des Schülers ist aber zu berücksichtigen, dass es sich nicht um einen gewaltsamen Übergriff auf einen friedlichen Mitschüler handelte, sondern um eine einvernehmliche Schlägerei. Beide an der Schlägerei beteiligten Schüler wussten, dass sie gefilmt wurden. Eine Entlassung von der Schule wäre in diesem Fall unverhältnismäßig; ein zweiwöchiger Unterrichtsausschluss war dagegen rechtmäßig (VG Düsseldorf, Az.: 18 L 669/11, 18 L 669/11).

UMGANG MIT PRIVATEN KONFLIKTEN

Außerschulisch gibt es keinen schulischen Erziehungsauftrag, sondern das Erziehungsrecht der Eltern und die Privatsphäre der Schüler. Eine zeitliche und räumliche Entfernung von der Schule spricht für den privaten Charakter eines Geschehens. Entscheidend ist aber auch hier der innere Zusammenhang mit der Schule.

KONFLIKTE IM PRIVATEN BEREICH

Der gemeinsame Schulbesuch allein ist nicht ausreichend, um einen Zusammenhang mit der Schule herzustellen. Wenn etwa zwei Schüler, die dieselbe Schule besuchen und womöglich sogar in einer Klasse sind, sich nachmittags außerhalb des Schulunterrichts und des Schulgeländes prügeln, handelt es sich um einen privaten Konflikt. Der gemeinsame Schulbesuch ist in diesem Fall weder der Grund für die Schlägerei noch soll die Prügelei die schulische Ordnung beeinträchtigen. Die Schule darf daher keine Ordnungsmaßnahmen ergreifen.

Belästigungen im privaten Bereich können jedoch durchaus einen Schulbezug aufweisen.

Eine Schülein schrieb in einem unbeobachteten Moment die Handynummer einer Lehrerin aus deren Notenbuch ab und belästigte die Lehrerin nachmittags und nachts mit Anrufen.

Die Lehrerin wurde von der Schülerin wegen ihrer Tätigkeit als Lehrerin im privaten Bereich belästigt. Damit ist der schulische Bezug gegeben.

Ein Schulbezug liegt auch vor, wenn die Ursachen eines Vorfalls in der Schule zu finden sind.

Zwei Schüler hatten einen Streit in der Pause, da der eine sich während des Unterrichts über den anderen lustig gemacht hatte. Als die beiden samstags nach einem Fußballspiel aufeinandertrafen, zettelte einer der beiden eine Schlägerei an.

PRIVATE KONFLIKTE UND DIE SCHULISCHE ORDNUNG

Der Schulbezug ist ebenfalls gegeben, wenn ein Handeln die schulische Ordnung beeinträchtigen soll oder tatsächliche Auswirkungen auf die Schule hat.

Ein Schüler wollte einen Mitschüler wegen eines Streits nach einem Fußballspiel am Samstag verprügeln, doch der Mitschüler wich einem Zusammentreffen geschickt aus. Sein Kontrahent stellte ihn am folgenden Montag auf dem Schulhof und brach ihm das Nasenbein.

Private Auseinandersetzungen in die Schule hineinzutragen, stört die schulische Ordnung, und Gewaltanwendung in persönlichen Konflikten widerspricht schulischen Erziehungszielen. Die Schule kann daher eine Ordnungsmaßnahme gegen den prügelnden Schüler aussprechen. Gäbe es eine strikte Trennung von schulischen und privaten Handlungen, die vom Ort und der Zeit der Handlungen abhinge, könnten besonders berechnende Schüler sich jeder schulischen Einwirkung entziehen, indem sie ihre Taten außerhalb der Schule begingen.

Ein Schüler zwang jüngere und schwächere Mitschüler, ihm Geld und Wertgegenstände zu geben, legte aber großen Wert darauf, dass dies niemals in der Schule oder auf dem Schulweg geschah, sondern immer abends oder an den Wochenenden an von ihm bestimmten Orten.

Dieser Schüler suchte seine Opfer in der Schule aus, gab ihnen dort Anweisungen und nutzte die Tatsache aus, dass sie ihm auf jeden Fall in der Schule über den Weg laufen würden. Die Taten haben daher einen Schulbezug und können mit der Entlassung von der Schule geahndet werden.

UMGANG MIT STRAFTATEN

Straftaten ohne Schulbezug sind kein Fall für die Schule. Doch eine Straftat muss nicht während der Unterrichtszeit oder bei einer Schulveranstaltung begangen werden, um einen Schulbezug aufzuweisen und Ordnungsmaßnahmen zu rechtfertigen.

EINBRUCHDIEBSTAHL UND FÄLSCHUNG

Mit einem Schlüssel, den er einem Lehrer gestohlen hatte, drang ein zwölfjähriger Schüler nachts in die Schule ein, um Schülerausweisvordrucke, die er mit falschen Angaben versehen wollte, zu stehlen. Er wurde in der Folge an eine andere Schule überwiesen.

Den Diebstahl beging er als Schüler, und der Diebstahl sowie der Einbruch verbunden mit der beabsichtigten Fälschung störten schulische Abläufe und die schulische Ordnung so schwerwiegend, dass die Überweisung an eine andere Schule rechtmäßig war (VGH Baden-Württemberg, Az.: 9 S 2590/06).

Eine Strafe ist weder Voraussetzung für eine schulische Ordnungsmaßnahme – der Dieb ist erst zwölf Jahre alt und damit nicht strafmündig –, noch hindert eine von einem Gericht verhängte Strafe die Schule daran, eine Ordnungsmaßnahme zu ergreifen, da es sich um zwei verschiedene Maßnahmen handelt. Die Ordnungsmaßnahme ist keine Strafe, sondern eine Maßnahme zur Sicherung der schulischen Ordnung.

VANDALISMUS

Zwei Schüler stiegen nachts durch ein aufgehebeltes Fenster in ihre Schule ein, verstopften im Kunstraum im zweiten Stock den Abfluss eines Waschbeckens und öffneten den Wasserhahn. Räume auf zwei Etagen wurden überflutet. Die beiden Schüler wurden von der Schule entlassen.

Die beiden Schüler haben sich strafbar gemacht und müssen Schadensersatz leisten. Selbst wenn sie eine private Haftpflichtversicherung haben, wird diese den Schaden nicht übernehmen, da Haftpflichtversicherungen niemals vorsätzlich angerichtete Schäden bezahlen.

Die Täter wollten nicht in irgendeinem Gebäude einen Schaden anrichten, sondern sind in ihr Schulgebäude eingedrungen und haben offenbar gezielt den Kunstraum ausgewählt. Das Motiv – infrage kommen unter anderem eine allgemeine Wut auf die Schule, die Verursachung eines längeren Unterrichtsausfalls oder eine Abneigung gegen den Kunstlehrer – wäre im Einzelfall noch zu ermitteln. Dass die Schule lediglich zufällig ausgewählt wurde, ist aber auszuschließen. Vor allem war den Schülern bewusst, dass sie den Schulbetrieb mit ihrer Handlung schwer beeinträchtigen oder sogar für einige Zeit unmöglich machen würden. Die Entlassung von der Schule ist rechtmäßig.

SCHUTZ DER PERSÖNLICHKEITSRECHTE VON LEHRERN

Die Trennung von inner- und außerschulischen Bereichen wird durch die Nutzung elektronischer Medien und sozialer Netzwerke weitgehend aufgehoben. Bild- und Tonaufnahmen von Lehrern können Personen außerhalb der Schule zugänglich gemacht werden, und außerschulische Handlungen können das Ansehen und die Autorität eines Lehrers in der Schule systematisch untergraben.

DAS RECHT AM EIGENEN BILD

Eine Schülerin kopierte das Bild ihrer Mathematiklehrerin von der Homepage der Schule, stellte es in ein soziales Netzwerk und fügte unter der Überschrift »Best-of-Sprüche« tatsächliche und erfundene Aussprüche der Lehrerin hinzu.

Die Schülerin hat das Recht der Lehrerin am eigenen Bild verletzt. Ein Bild auf der Homepage der Schule zu veröffentlichen, bedeutet nicht, in eine beliebige Verwendung der Fotografie einzuwilligen. Jemandem Aussagen unterzuschieben, die er nie gemacht hat und die ihn möglicherweise in ein völlig falsches Licht rücken, verletzt zudem die Persönlichkeitsrechte dieser Person. Die Schule kann daher eine Ordnungsmaßnahme ergreifen.

VORSPIEGELUNG FALSCHER TATSACHEN

Ein zwölfjähriger Schüler benutzte in einem Chatroom für Singles die Namen von fünf Lehrkräften seiner Schule als Usernamen. Er beleidigte und beschimpfte Lehrkräfte der Schule unter diesen Usernamen auch mit sexuellen Begriffen und Unterstellungen. Gegenüber der Schule bestritt er, alle Äußerungen selbst abgegeben zu haben, und behauptete, es seien auch Klassenkameraden beteiligt gewesen.

Schüler müssen die Persönlichkeitsrechte aller am Schulleben Beteiligten achten. Die außerschulische Privatsphäre darf in keinem Fall verletzt werden. Die Privatsphäre wird nicht erst durch Straftaten wie Beleidigung, üble Nachrede und Verleumdung verletzt, sondern durch jede Missachtung der geschützten Persönlichkeitsrechte (Artikel 2 Absatz 1 in Verbindung mit Artikel 1 Absatz 1 GG). Die Nutzung von Lehrernamen auf einer der Öffentlichkeit zugänglichen Internetseite, um ein Persönlichkeitsbild zu vermitteln, das diese Lehrer in der Öffentlichkeit herabsetzen soll und ihrer tatsächlichen Persönlichkeit nicht entspricht, stellt eine schwerwiegende Pflichtverletzung des Schülers dar. Der Eingriff in die Privatsphäre hat auch durchaus Auswirkungen auf die Schule, da die Lehrer der Lächerlichkeit und dem Gespött der Schüler und Kollegen ausgesetzt werden.

Ohne Tatsachen zu nennen, welche die Beteiligung anderer Schüler belegen, ist die Behauptung des Schülers als Schutzbehauptung zu werten, zumal er nicht dargelegt hat, wie Mitschüler das Kennwort für das jeweilige Userprofil ohne seine Hilfe hätten erfahren können. Lehrer müssen Schülern ein Fehlverhalten nicht mit letzter Sicherheit nachweisen, sondern können von einem aufgrund der festgestellten Tatsachen naheliegenden und sehr wahrscheinlichen Verlauf ausgehen. Behaupten Schüler, es sei anders gewesen, als von der Schule bei der Beweiswürdigung aufgrund lebensnaher Annahmen unterstellt, müssen sie Tatsachen nennen, die einen anderen Verlauf wahrscheinlich erscheinen lassen.

Der zwölfjährige Schüler ist nicht strafmündig, nichtsdestotrotz darf er wegen seines Fehlverhaltens an eine andere Schule überwiesen werden, da Ordnungsmaßnahmen keine Strafen sind, sondern die Ordnung in der Schule sichern oder wiederherstellen sollen (VG Hannover, Az.: 6 B 3325/06).

HETZKAMPAGNE IM INTERNET

Ein 13-jähriger Schüler erstellte eine Internetseite namens »anti-o. de«, die er seiner Lehrerin, Frau O., widmete. Die Internetseite trug die Überschrift »GO TO HELL O« und begann mit den Worten: »Wir müssen gemeinsam die Erde und unsere Zukunft vor diesem Virus retten. Darum bitte ich euch, die HP an alle Leute weiterzuschicken, die diese Kanacke auslöschen wollen!!!!« Im Text folgte die Frage: »Sacht ma', wie ihr dieses Jägermeister saufende Geschöpf findet!« Der daran anschließende Fragenkatalog endete jeweils mit »Zeig's der Fotze«.

Über Anstand lässt sich bekanntlich trefflich streiten, über die Rechtslage allerdings viel weniger. Die Eltern klagten – gegen den ausdrücklich erklärten Willen ihres Kindes! – gegen die Androhung der Entlassung als Reaktion auf die schwere Verletzung der Persönlichkeitsrechte der Lehrerin und die Störung der schulischen Ordnung. Das Verwaltungsgericht wies nicht nur die Klage ab, sondern gab offen zu erkennen, eine Entlassung von der Schule wäre ebenfalls rechtmäßig gewesen (VG Düsseldorf, Az.: 18 K 2667/07).

FORUM FÜR BELEIDIGUNGEN

Etwas mehr Geschick bewies ein Schüler, der auf einem regionalen Online-Portal ein Diskussionsforum zu dem Thema »Wer mag, bitteschön, Herrn ...?« eröffnete, den Reigen der Äußerungen unter einem Pseudonym selbst mit negativen Stellungnahmen begann und die Nutzer aufforderte, ihre Stellungnahmen anonym abzugeben.

Er kam vergleichsweise glimpflich davon. Seine Aktion trug ihm nur einen verschärften Verweis, aber keine Entlassung von der Schule ein, da er nicht lediglich seine Meinung zum Unterricht des Lehrers sagen und andere zu Stellungnahmen auffordern wollte, wie es zulässige Internetportale wie das ehemalige Spickmich.de tun, sondern erkennbar anonymen Beleidigungen und Beschimpfungen ein Forum bieten wollte. Er hatte damit beleidigende Äußerungen provoziert und die notwendige Vertrauensbasis zu dem Lehrer zerstört, in dessen Persönlichkeitsrecht er eingegriffen hatte (VGH Bayern, Az.: 7 B 09.1906).

UMGANG MIT (CYBER)MOBBING

Soziale Medien und Mobbing sind keine Synonyme, aber enge Verwandte. Konnten sich Schüler, die in der Schule von Mitschülern gehänselt und schikaniert wurden, in der fernen Vergangenheit zumindest zu Hause sicher fühlen, beseitigen die elektronischen Medien auch diesen letzten Schonraum.

Mobbing ebenso wie Cybermobbing ist kein Rechtsbegriff, sondern ein systematischer Prozess, in dem durch unerwünschte Verhaltensweisen, durch Eingriffe in das Persönlichkeitsrecht, Verstöße gegen dem Schutz des Betroffenen dienende Gesetze oder durch eine sittenwidrige Schädigung eine Ausgrenzung bezweckt oder bewirkt wird. Mobbing kann demnach niemals nur ein einzelnes Ereignis sein. Es handelt sich immer um eine Kette von Belästigungen, Einschüchterungen und Angriffen über einen längeren Zeitraum, die systematisch erfolgen und über die Isolation und Ausgrenzung einer Person ein bestimmtes, häufig rechtswidriges Ziel, wie etwa das freiwillige Verlassen der Schule oder ein Gefügigmachen, verfolgen.

Nicht jede Ausgrenzung und emotionale Verletzung anderer ist Mobbing. Doch Mobbing hat eine andere Qualität, als gehänselt zu werden oder lediglich unbeliebt zu sein.

KEIN EINGREIFEN BEI (CYBER)MOBBING

Die Eltern einer Schülerin wandten sich an den Klassenlehrer, da ihre Tochter im Netz von einer Mitschülerin, die sie auch privat kenne, gemobbt werde. Dort würden andere aufgefordert, ihre Tochter auszuladen (»Wenn die kommt, komme ich nicht.«), man verbreite manipulierte Fotos, um ihre Tochter lächerlich zu machen, verleumde sie (»Die datet zwei Jungs.«) und beschimpfe sie als »Hure« und »völlig asi«.

Der Klassenlehrer sollte sich in diesem Fall zunächst erkundigen, wie lange diese Verhaltensweisen schon andauern und welches Ziel damit nach Auffassung der Mutter verfolgt wird. Bei Mobbing gilt, ebenso wie bei Beleidigungen, Herabwürdigungen oder Bedrohungen: Vorrangig ist der Schulbezug zu klären.

Die zitierten Äußerungen der Schülerin sprechen für einen privaten Konflikt, der im außerschulischen Bereich ausgetragen wird. Stellt der Klassenlehrer selbst kein Fehlverhalten in der Schule fest und kann die Mutter keine Tatsachen nennen, die einen Schulbezug begründen, muss der Klassenlehrer ein Eingreifen ablehnen. Er könnte allenfalls ein vermittelndes Gespräch anbieten.

Auch wenn die Grenze zwischen dem privaten und dem schulischen Bereich bei Missbrauch elektronischer Medien nicht immer leicht zu ziehen ist, kann und darf die Schule nicht in jeden über soziale Netzwerke ausgetragenen Konflikt eingreifen. Beschimpfen sich Schülerinnen, die sich auch privat kennen, aus privaten Gründen, kann und darf die Schule auf dieses Verhalten nicht mit erzieherischen Einwirkungen oder Ordnungsmaßnahmen reagieren. Sie ist kein jederzeit bereitstehender Bodyguard.

SCHUTZMÖGLICHKEITEN BEI (CYBER)MOBBING

Schüler dürfen weder die rechtlichen Anforderungen an den Nachweis eines Mobbings unterschätzen noch die Schutzmöglichkeiten durch die Schule überschätzen. In gravierenden Fällen mit Schulbezug ist aber auch der Schutz durch die Schule zu gewährleisten.

Ein 17-jähriger Schüler wurde über mehrere Monate in der Schule von Mitschülern gehänselt, belästigt, mit Kreide beworfen und angerempelt. An einem Abend zogen mehrere Schüler vor das Wohnhaus des Schülers. Am Haus wurden Feuerwerkskörper abgebrannt und gegen die Rollläden geschlagen, ein Schüler urinierte gegen die Hauswand und spuckte in den Briefkasten.

Das Geschehen vor dem Haus des Schülers im geschilderten Fall war kein isolierter Vorfall, sondern der Höhepunkt monatelanger Belästigungen und Einschüchterungen. Der Rädelsführer, gegen den die Schule bis dahin noch keine Ordnungsmaßnahme ausgesprochen hatte, wurde von der Schule entlassen. Für die Verhältnismäßigkeit der Entlassung sprach auch, dass er an der neuen Schule zu Beginn der 12. Klasse seine Fächer wählen und damit seine Schullaufbahn ungehindert fortsetzen konnte (VGH Baden-Württemberg, Az.: 9 S 1077/09).

CYBERMOBBING MIT GERINGER REICHWEITE

Schikane und Ausgrenzung von Mitschülern sind keine Erfindung sozialer Medien, sie haben aber durch die Erreichbarkeit an jedem Ort und zu jeder Zeit, die hohe Zahl gleichzeitig und mühelos erreichbarer Personen sowie die Anschaulichkeit der Botschaften eine andere Qualität erhalten.

Allerdings hat nicht jede Beleidigung oder Diffamierung im Internet gleich eine unkontrollierbar weitreichende Wirkung.

Eine Schülerin bezeichnete in einem Internetforum ihre Mitschü-
lerin, deren Namen sie nicht nannte, als »Punkbitch« und »Assi«,
bescheinigte ihr »Mut zur Hässlichkeit« und äußerte: »Schließlich
darf ich später dein Hartz IV finanzieren« sowie »Ja das Wort Assi
gefällt mir, na und? Ich sag's wenigstens bloß, und bin's nicht.«

Die Schwere des Fehlverhaltens hängt auch davon ab, ob sich die
besonderen Gefahren des Internets verwirklicht haben. Die betrof-
fene Schülerin ist bei diesen Äußerungen und auf der gesamten
Seite nicht individualisierbar bezeichnet worden: Weder wurde ihr
Klarname genannt noch ihr Benutzername. Damit können nur jene
Mitschüler die Beleidigungen zuordnen, die das Opfer und dessen
Verhältnis zur Täterin kennen oder von Letzterer auf die Äußerungen
mündlich hingewiesen wurden. Haben sich die besonderen Gefahren
des Internets nicht realisiert, spricht das gegen ein allein wegen der
Nutzung des Internets schwerwiegendes Fehlverhalten (VGH Ba-
den-Württemberg, Az.: 9 S 1056/11).

ANONYME ZEUGEN FÜR MOBBING

Einem Schüler wurde vorgeworfen, als Haupttäter Mitschüler
systematisch in der Schule sowie über Internetplattformen und
soziale Medien gemobbt zu haben. Einen Mitschüler bezeichnete
er als »schwul«, »voll der Pisser« und »Pussy«, eine Mitschülerin
als »Hackfotze«. Er schüchterte Mitschüler ein, und zwei Schüle-
rinnen, die sich über Beleidigungen durch den Schüler beschwert
hatten, klagten über körperliche Beschwerden und spielten mit
dem Gedanken, die Schule zu verlassen.
Die erhobenen Vorwürfe stützten sich auf Aussagen der Schullei-
terin und zweier Lehrerinnen, denen gegenüber mehrere Schüler
und Eltern als Zeugen ausgesagt hatten. Ihnen wurde Vertrau-
lichkeit zugesichert, da sie Angst vor dem Haupttäter hatten. Die
Eltern und Schüler legten im Vertrauen auf die Verschwiegenheit

der Schulleitung und der Lehrerinnen zudem Protokolle von Internetplattformen sowie Screenshots vor.

Der beschuldigte Schüler wies die Vorwürfe als unbewiesen zurück, da die Zeugen sich nicht zu erkennen gegeben hätten und deshalb auch nicht befragt werden könnten, um den Wahrheitsgehalt ihrer Aussagen zu überprüfen.

Er wurde in die Parallelklasse überwiesen.

Die Verweigerung der Einsichtnahme in schriftliche Zeugenaussagen und andere Beweismittel ist bei einem Ordnungsmaßnahmeverfahren grundsätzlich ein Verfahrensfehler. Sie kann aber zum Schutz der Zeugen und berechtigter schulischer Interessen gerechtfertigt oder unerheblich sein, da die Aussagen der Schulleitung und der Lehrerinnen den vollständigen Sachverhalt enthalten, der dem Schüler zur Last gelegt wird. Er kann demnach zu allen Vorwürfen Stellung nehmen. Die Aussagen der Schulleitung und der Lehrerinnen sind glaubwürdig, da dienstliche Erklärungen mindestens die Beweiskraft eidesstattlicher Versicherungen haben. Lehrer setzen sich dienst- und disziplinarrechtlichen oder arbeitsrechtlichen Maßnahmen aus, wenn sie nicht uneingeschränkt die Wahrheit sagen. Der Schüler hat keinerlei Tatsachen genannt, die den Verdacht falscher Aussagen der Lehrer begründen könnten (VG Köln, Az.: 10 L 488/11).

Ein Verzicht auf die Überweisung in die Parallelklasse wäre wegen der Persönlichkeitsrechte, der Gesundheit und der schulischen Entwicklung der Mitschüler unverantwortlich (VG Köln, a. a. O.).

ZUSAMMENFASSUNG: WAS LEHRER DÜRFEN

- auf ein Fehlverhalten auf dem Schulweg mit erzieherischen Einwirkungen und Ordnungsmaßnahmen reagieren
- bei gefährlichem Verhalten von Schülern körperlich eingreifen
- einen Ausschluss von der Schülerbeförderung beantragen
- Erziehungs- und Ordnungsmaßnahmen ergreifen, wenn Schüler schulische Konflikte im privaten Bereich austragen
- Erziehungs- und Ordnungsmaßnahmen ergreifen, wenn Schüler private Konflikte in die Schule hineintragen
- Erziehungs- und Ordnungsmaßnahmen wegen eines privaten Mobbings unter Schülern verweigern
- gegen Mobbing von Schülern durch andere Schüler in deren Freizeit vorgehen
- Straftaten ohne Schulbezug ignorieren
- gegen strafunmündige Schüler Ordnungsmaßnahmen der Schule fordern
- gegen die Verwendung ihres Bildes durch Schüler im Internet vorgehen
- ihre Privatsphäre mit den Mitteln des Zivilrechts, Strafrechts und Schulrechts verteidigen
- Beweise frei würdigen und von einem wahrscheinlichen Verlauf ausgehen
- die Namen von Zeugen geheim halten
- für ihre Aussagen im Vergleich zu Schüleraussagen eine besondere Glaubwürdigkeit beanspruchen

SCHLUSSBEMERKUNGEN

Jeder Leser wird sein eigenes Resümee ziehen. Aus Autorensicht hätte das Buch wichtige Ziele erreicht, wenn zu diesem Resümee auch folgende Schlussfolgerungen gehörten: Die Schule ist nicht für die Lehrer da, sondern für die Selbstentfaltung und Bildung der Schüler sowie zum Erhalt eines demokratischen Staates und einer hochentwickelten Gesellschaft.

Die für den Erfolg von Unterricht und Erziehung notwendige Autorität und Legitimation der Lehrer darf in einem Rechtstaat nicht vorrangig auf Macht, Verhandlungsgeschick, rhetorischer Überlegenheit oder Ausbildung beruhen, sondern auf dem Recht. Es gilt angesichts der Bereitschaft der Lehrer, sich an das Recht zu halten – die nach meinen Erfahrungen in zahlreichen Fortbildungen und Gesprächen groß ist –, die Vermittlung schulrechtlicher Kenntnisse zu verbessern. Die Durchsetzung des Rechts setzt die Kenntnis der Rechtslage voraus. Es ist hoffentlich gelungen, einige weit verbreitete Rechtsirrtümer zu korrigieren.

Die rechtliche Darstellung praxisnaher schulischer Situationen sollte keinen systematischen Überblick über das gesamte Schulrecht bieten, Rechtsanwendungstechniken einüben oder lediglich Handlungsanweisungen geben, sondern verdeutlichen, dass Recht immer über Normen und Rechtsprinzipien hinaus auf Wertvorstellungen und soziale Gegebenheiten verweist. Für das Schulrecht gilt zudem, dass es sich von pädagogischen Zielen und Inhalten nicht trennen lässt. Das Schulrecht ist daher durchaus ein kritischer Maßstab für pädagogisches Handeln. Lehrer sollten ermutigt werden, sich zu Bildungswerten und den die Rechtsordnung tragenden Werten zu bekennen.

Was Lehrer dürfen, müssen sie nicht in jedem Einzelfall auch tun. Dürfen bedeutet aber auch nicht, die freie Wahl zu haben. Lehrer sind verpflichtet, ihre Handlungsspielräume im Hinblick auf die Rechte der Schüler und Eltern zu nutzen und ihre Entscheidungen nachvollziehbar zu begründen. Die Ausführungen dieses Buches sollten zur sinnvollen Nutzung dieser Entscheidungsspielräume beitragen.

Der Gesetzgeber täte gut daran, die rechtlichen Handlungsmöglichkeiten der Lehrer in bestimmten Bereichen zu erweitern. Es ist beispielsweise nicht geregelt, welche Mittel, einschließlich eines einfachen körperlichen Zwanges ohne Züchtigungsabsicht Lehrer nutzen dürfen, um sich gegen Schüler durchzusetzen, die verbale Anordnungen ignorieren. Auf die mit dieser Gesetzlücke verbundene Unsicherheit oder sogar Hilflosigkeit der Lehrer haben auch bereits Gerichte ausdrücklich hingewiesen (s. LG Berlin, Az.: 518 Os 60/09).

Das Schulrecht macht einige schlichte Wahrheiten wieder bewusst: Eltern und Schüler sind für den Unterrichts- und Erziehungserfolg in hohem Maße mitverantwortlich. Die Schulgesetze fordern eine vertrauensvolle und partnerschaftliche Zusammenarbeit zur Verwirklichung der Bildungs- und Erziehungsziele. Das entspricht auch der Lebenswirklichkeit, da ohne Eltern oder gar gegen deren Widerstand und ohne aktive Beteiligung der Schüler Lernerfolg und Erziehung weit hinter den Möglichkeiten des Kindes zurückbleiben.

Rechte und Pflichten gehören zusammen. Der Zusammenhang von Rechten und Pflichten lässt sich weder faktisch noch rechtlich auflösen. Das Recht der Schüler auf Unterricht entspricht ihrer Pflicht, aktiv zum Unterrichtserfolg beizutragen. Die Lehrerrechte dienen dem Schutz der Rechte und der Durchsetzung der Pflichten aller Schüler sowie der Herstellung eines ausgewogenen Verhältnisses von Rechten und Pflichten.

Dieses Buch soll einen kleinen Beitrag leisten, um Schulen im Interesse der Schüler und in unser aller Interesse zu einem besseren Lern- und Lebensort zu machen.

DANK

Mein besonderer Dank gilt Desirée Šimeg für die sorgfältige Durchsicht und die kritischen, weiterführenden Anmerkungen und Daniela Riepe für die inhaltlichen Anregungen und das große Verständnis für das Anliegen dieses Buches.

ÜBER DEN AUTOR

Dr. Thomas Böhm studierte Rechtswissenschaft, Anglistik und Pädagogik für das Lehramt Sekundarstufe II in Bonn und Bochum.

Er ist seit vielen Jahren als Dozent für Schulrecht und Rechtskunde am Institut für Lehrerfortbildung in Essen-Werden tätig, leitet Fortbildungen für Lehrer, qualifiziert Schulleiter für ihre Tätigkeit und führt bundesweit Seminare durch.

Er ist Gründungsherausgeber der Zeitschrift *SchulRecht* sowie Autor zahlreicher Veröffentlichungen zum Schulrecht.

Thorsten Wiese

»Nein, Torben-Jasper,
du hast keinen
Telefonjoker.«

Referendare erzählen vom
täglichen Klassen-Kampf

Auch als **E-Book** erhältlich

riva

208 Seiten
9,90 € (D) | 10,30 € (A)
ISBN 978-3-86883-343-0

Thorsten Wiese

»Nein, Torben-Jasper, du hast keinen Telefonjoker"

Referendare erzählen vom
täglichen Klassen-Kampf

Zwischen den Pausen der Clown sein – so haben sich viele Referendare den Einstieg an der Schule nicht vorgestellt. Aber für den Nahkampf an der Bildungsfront hat die Uni sie nicht ausgebildet. Zwei Jahre lang heißt es: Augen zu und durch.

Es sind unglaubliche Geschichten von ungeahnten Konflikten mit Sarah-Cheyenne und Leon-Justin, von wundersamen Begegnungen mit dementen Alt-Lehrern, durchzechten Klassenfahrten und chaotischen Lehrproben.

Die unerbittliche Einsicht: Es läuft einiges falsch im Bildungssystem. In diesem Buch berichten sie vom täglichen Wahnsinn des Referendariats – von Überforderung, Furchtlosigkeit und Idealismus.

mvgverlag